gleam BOOKS

あなたも当たるかもしれない
「くじ引き民主主義」の時代へ

伊藤伸

株式会社
朝陽会

はしがき

「人前で（政治や行政について）まじめな話をするのはちょっと苦手、照れくさい」と思っている人は多いのではないだろうか。本書は、そのような人にこそ手に取ってほしい。

なぜなら、人前でまじめな話を普段していない人であっても、場さえあれば自分の考えをしっかりと話せること、そのような人は、飾らない言葉で率直かつ建設的に議論できることを、これまでの経験から私は知っているからだ。

本書では、「無作為抽出」「くじ引き」「抽選」という言葉を多用している。偶然当たった人に集まってもらい、地域課題について話し合ったり行政事業を評価してもらったりする。その意見や評価が行政に反映される。このようなことが、いま全国各地で行われている。

私が所属する政策シンクタンク「構想日本」では、「事業仕分け」や「住民協議会」など、無作為抽出＝くじ引きの手法を活用した試みを「自分ごと化会議」と名付け、全国に広げる活動をしている。従来行政が行ってきた「公募」や「指名」では見られなかったような、政治・行政との縁が少なかった人や、自分が住むまちのことについて考える機会のなかった人などが参加できる場づくりを行っている。

それによって、参加者の多くに、まちのことや社会のことが「自分ごと化」されるという変化が起きることがわかってきた（「自分ごと化会議」はすでに一五〇回以上開催し、抽選に当たって参加した人の総数は一万人を超える）。

なぜ「自分ごと化」が必要なのだろう？　日本や世界の歴史を振り返ると見えてくる。

政治・行政がうまく回っているときは任せっぱなしになりやすい（「他人ごと」になる）。任せっぱなしにすると任せられた側（政治・行政）は、ある程度、自分の都合で回していく。次第に、既得権、前例踏襲が強くなり、行政や財政の肥大化を招いて無駄が増える。

国民は自分の財布でないこともあり財政悪化の実感がなく、任せっぱなしのままになる。すると、政治・行政は、社会の変化や新しい行政ニーズ、国民の要望に対応できなくなり、政治・行政への批判が起きる。そうなると、政治家、公務員が内向きになっていく。

その結果、経済の悪化、財政破綻、治安悪化などの形で顕在化する。「他人ごと」でいることのツケは、結局私たち国民に返ってくる。だから「自分ごと化」が必要なのだ。

自分ごととしてまちのあり方を市民が考え決めることは「民主主義」そのものだ。民主主義は、国民・市民が直接意思決定をするか、性別や財産などで制限されない普通選挙で選ばれた代表を通じて、意思決定をし、かつ国民・市民としての義務を果たす統治形態をいう。

その民主主義が機能していないと言われて久しい。民主主義のしくみはできていても、実質的に国のあり方を国民・市民が決められる環境になっていないと、多くの国民が思っているのだろう。ただ、批判だけでは何も変わらない。主権者である私たちが選んだ者によって政治が行われている（間接民主制）ので、民主主義が機能していないことを批判するのは、天に唾していることになる。

そこで、別な形で民主主義を進めようと考えたのが「くじ引き民主主義」だ。「自分ごと化会議」の考え方（無作為抽出＝くじ引きで選ばれた市民による対話によって行政に反映させる）は「くじ引き民主主義」の実践例の一つなのだ。

本書では、私自身が深くかかわってきた各地の事例をもとに、様々な角度から「くじ引き民主主義」という考え方を紹介している。

くじで選ばれた参加者のふとした一言や素朴な疑問は、政治や行政の「当たり前」を軽々と超えていき、目を開かれる瞬間がある。参加者は皆、特別な人たちではない、「抽選で当たったので何となく来てみた」人たちなのだ。

このような、多様で「普通の」市民から出発するまちづくりについて多くの事例を書いているので、政治や行政の関係者はもちろん、例えば輪番で自治会の役員にあたっているような人、さらには高校生、大学生など、幅広い市民に手に取ってほしい。そして一人でも多くの人々に政治や行政を「自分ごと化」してほしいと思う。

二〇二一年一一月

伊藤　伸

目次

①「くじ引き（抽選）」でまちづくりに参加する

■突然、役場からこんな手紙が届いたら…

「まちづくりや政策のことを考える会議の参加候補者に、あなたは抽選で当たりました。つきましては、この会議にご参加ください」

　このような手紙が市町村役場から届いたら皆さんはどう感じるだろうか？

「なんで自分が当たったんだろう?」と合点がいかなかったり、「当たったと言われても、自分の住むまちのことなんて考えたこともないから会議に参加しても何も話すことができない」と躊躇《とまど》う人が多いのではないだろうか。「怪文書の類いか?」とすら思うかもしれない。

　しかし、このような手法が行政の中で注目を浴びつつある。私が所属する政策シンクタンク「構想日本」が行っている、「住民協議会」と呼ばれるものだ。

■住民協議会とは

「住民協議会」とは、一言で言うと「『くじ引き』で無作為に選ばれた住民が、まちの課題について議論する場」だ。構想日本が発案した仕組みである（「住民協議会」という呼び方は一般用語で、同じ名称で別な取組みを行っている事例もある）。地方自治体から構想日本が依頼を受けて行うことがほとんどで、主催は地方自治体で、構想日本が協力して行っている。

住民協議会の目的は次の二つに大別される。

①　身近な問題を行政任せにせず、住民自らが「自分ごと」として、まちの状況を知り、意見を出し合う。

②　行政が行っていることを具体的に考え、課題解決を目指す。

行政の様々な政策課題（例えばゴミ問題や防災など）の解決策を探ることも目的の一つだが、それ以上に、こうした場に参加してもらうことで、行政やまちのこと、ひいては社会全体のことを住民に「自分ごと」として捉えてもらうことを主な目的としている。

住民協議会の最大の特徴は、参加する委員の選び方が「無作為抽出（＝くじ引き）」という点だ。協議会を行政が主催して行う場合、住民基本台帳からランダムに一〇〇〇人～二〇〇〇人程度を抽出して協議会参加の案内を送る（抽出人数は自治体が決める）。その中で応募した人に委員を務めてもらう。

選ばれた委員が中心となって、ごみ問題や防災など、あらかじめ行政が決めたテーマについて、課題や解決策を議論していく。同じメンバーで四～五回程度協議会を開催して意見のとりまとめを行う。

具体的には、初回はテーマに関する現状の把握と共有をし、第二、第三回でテーマについて日常生活で感じていることを、様々な視点から議論をする。ポイントは、行政が用意したシナリオに沿って議論するのではなく、あくまでも「住民の日常の生活実感」を出発点として議論することにある。行政の説明に意見を求めても議論が活発になることはあまりないが、普段の生活で何気なく感じていることを聞くと発言しやすくなるようで、多様な論点が出てくる。

議論する人数は応募者数によって変わってくるが、深い議論をするには一班あたり二〇人程度が上限だと考えている。応募者が多ければ複数の班を設置する（実際にはいくつのグループを作るかを先に想定し、その逆算で無作為抽出する人数を決める）。班ごとにテーマを分けるのではなく、どの班も同じテーマで議論してもらうことが多い。同じテーマでも班によって論点はおのずと異なってくる。結果的に様々な視点から考えることが可能になる。それぞれの班の議論が共有できるよう、各回の最後に各班の議論内容を報告してもらうプロセスを入れることも多い。

なお、協議会の議論には、無作為に選ばれた住民のほかは、行政の担当者とコーディネーター（構想日本メンバー）、スポットで参加してもらうナビゲーター（論点を提示する役割として参加してもらう外部の専門家）だけで、従来の会議によくある学識経験者や公募委員などはいない。このような委員の構成は、これまで例がなかっただろう。

「住民協議会」は、二〇一四年に福岡県大刀洗《たちあらい》町《まち》で初めて行って以降、二〇二一年三月現在で二六自治体で四二回開催してきた。これまでの応募率の平均は三・九％。つまり、一〇〇〇人に送ると四〇人弱から応募があることにある。

くじ引きで選ぶので、誰に案内が届くかも、誰が参加するかもわからない。そのような人たちが集まってまともな議論ができるのか？　このような質問が常にある。

構想日本でこれまで（住民協議会以外のことも含めて）一五〇回以上にわたって類似の取組みを行ってきた実感として、参加した住民は、いわゆるステレオタイプではなく、しっかりと自分の頭で考え、建設的に話をしてくれる。さらに、今後の改善に結びつくようなアイディアもどんどん出てくるのだ。

■ふつうの「市民」にアプローチ

従来、行政が市民の意見を聴こうとする場合、①「公募」や、②形式的に「団体の長」を選ぶことが多い。

①は、行政がホームページや広報紙などで募集を行い（大抵は一～数人の募集）、簡単な作文などを提出してもらって決めることが多くある。意識の高い人が参加できる利点がある一方で、どの分野の募集でも特定のごく少数の人が何度も繰り返し手を挙げ、かつ高齢で男性が多いのが全国的な傾向であり、多様性に乏しいとの課題が見えている。

②は、例えば商工団体の会長や農協の組合長などにお願いして会議の委員になってもらう。影響力のある人を選ぶことができるという利点があるが、あらゆる会議で同じ構成員になってしまったら、個人ではなく役職で選ぶため組織を背負って発言をすることになるなどの課題が生じている。

上記二つの手法をやめたほうがよいと言っているわけではない。意識の高い人や影響力のある人の意見を聴くことも大切だ。しかし、普段は自分の住むまちのことに関わっていないけれど、たまたま手紙が届いて仕事が休みだからまちのことを考えてみようという人（住民協議会は大抵週末に行う）の意見も同じ「民意」だ。行政は（政治も）これまで、この層へのアプローチができていなかったのではないか。

また、公募や「団体の長」は、どのような人が参加するかある程度想定できるため、行政にとって都合の良い人の場合もあり、現状を追認する場になるおそれもある。

■「住民同士の議論」になる！

住民協議会は、無作為に選ばれた人たちと議論をすること以外に、二つの大きな特徴がある。

一つは、「行政対住民」ではなく「住民同士」の議論になることだ。

行政が住民の意見を聴くために開催する会議（住民説明会など）は、行政が説明したことに住民が様々な指摘をする → 行政側は「検討する」と言いながら何も変えるつもりがない → 住民側は反発する、といった対立の構図になりがちだ。この構図を打破するために、第三者である構想日本のメンバーがコーディネーターとして加わる。第三者が客観的に論点の整理をすることで必要のない感情的対立が防げると実感している。

■「個人でできること」を問いかける

もう一つの特徴は、まちの課題を解決するにあたっては「個人でできること」、「地域でできること」から考えるようにすることだ。

住民が意見を述べるような場では、行政への要望に終始してしまうことも多い。しかし、課題を解決するセクターは行政だけではない。まずは自分たちでできることから考えるよう促している。さらに、「言いっぱなし」で終わらないよう、参加委員は具体的な課題とその改善策を「改善提案シート」に記入する。「改善提案シート」には、まず議論を通して感じた課題を記入してもらい、次に、課題の解決策として、

○個人でできること
○地域でできること
○行政がすべきこと

の順に記入してもらう。参加者に、「個人や地域でもできることはないか」を考えてもらったうえで行政の役割を考えてもらうことが大きな狙いだ。

■「改善提案シート」でアイディアが飛び出す

改善提案シートは非常に重要なツールだ。一例を挙げたい。

高松市の東隣に位置し、人口三万人弱の香川県三木町で行った住民協議会。三木町では構想日本が協力する前から無作為抽出の手法を活用した会議を行っており、「百眼百考会議」と名付けられていた(五〇人、一〇〇の目で三木町を見てもらい、それぞれの考えでアイディアを出してもらうという意味)。三木町は「総合戦略」という五年間の重点計画を作るにあたって、無作為で選ばれた住民を①「移住促進・受入れ」、②「行政と地域組織の役割」、③「地場産業と雇用」、④「結婚・出産・子育てなど若年世代対策」の四つのグループに分け、計画を作るための素材を出す役割を担ってもらった。

私がコーディネーターを務めたのが④の「若年世代対策」のグループ。この会議を開く前の年に行政が子育て世帯にニーズ調査を行っていて、最もニーズが高かったのが遊具付きの公園の設置だった。そこで行政は、公園用地の取得を検討しており、そのことを伝えたうえでの会議だった。

会議の中で、三木町内にある公園や子どもの遊び場の場所や数などがわかると、多くの参加委員から「こんなに公園があることを知らなかった」との声が挙がった。これを踏まえて、改善提案シートには、課題として「公園が利用されていない」という記載が多く出た。

解決するために「個人でできること」として、「知らない公園が多いので把握する努力をする」、「地域でできること」は、「草刈りなど公園整備のサポートをする余地があることがわかったので自治会として協力していきたい」との記載があった。

では、行政は何をすべきか?

多くの参加委員が記載していたのは、「町の中にある遊び場のマップを作成する」。特にまだ小さい子どもを育てている委員から出された意見だった。既に公園用地の取得の準備をしていることを町の担当者が伝えていたが、公園を作る前に、今ある遊び場を知ることから始めよう、それによって遊び場が足りないと感じていた子育て世帯の課題意識が解決するかもしれない、という趣旨だ。

この議論を踏まえて、行政はすぐに公園を整備するのではなく、「遊び場のマップ」を作ることにした。さらに、行政職員だけで作っても面白くないものになってしまうと町長が考え、大学生にボランティアで協力してもらうことにした。

三木町内には香川大学のキャンパスがある。ちょうどこの会議にも、無作為抽出で選ばれた住民とは別に、香川大学に依頼をして数名の学生に参加してもらっていた。学生は将来の当事者でもあるが、一方で、今は子育てをするわけではないので一歩引いた存在とも言える。この両面の性格を持つ学生に町の計画作りに関わってもらうことは、計画の充実と参加する学生の当事者意識の醸成の二つの利点があると行政が考えての依頼だった。

参加学生の多くが、まちづくりを行うサークルに入っていたため、このサークルにマップ作りの協力をお願いした。このマップが直接影響しているかどうか厳密な分析ができているわけではないが、公園を利用する人が増えたという声が出ている。

三木町でのこの一連の流れは、いわゆる「有識者」ではなく、誰が来るかわからない「くじ引き」で選ばれた人たちの議論が政策に結び付いた一つのモデルケースだ。

■「自治を感じる」＝「まちのことを考える」機会をつくろう

「まちのことを考えるのは政治・行政（に関わる人）であって、自分とは別な世界」と感じながらも、政治・行政は自分たちの税金を何に使っているかわからないという不透明感、不信感を持っている人が、どこのまちにも多かれ少なかれ存在する。しかし、まちのことに関して政治や行政が担っているのはごく一部で、中心は私たち自身のはずである。だからこそ、自分たちの生活の満足度や幸福感を高めたいと考えるときに、政治や行政に向かってモノを言うだけでなく、自分たちで考え行動しなければならない。それこそが「自治」の理念である。

これまでは、「自治」を感じる（＝まちのことを考える）機会が少なかったのではないか。くじ引きで選ばれた住民が、何となく来て議論に参加する。これによって自治を感じる機会に出会えるのではないだろうか。これからもどんどん、構想日本が目指す政治や行政の「自分ごと化」を実現していきたい。

②「無作為抽出」＝「くじ引き」の手法で若者と女性の力を引き出す

住民協議会の最大の特徴である無作為抽出＝「くじ引き」。この手法を考えるうえで、「若者」と「女性」が大きなキーワードとなる。というのも、住民協議会に参加する住民の特徴として、若い世代と女性の参加比率が高くなる傾向にあるからだ。

二〇一九、二〇二〇年度に住民協議会を実施したのは二〇市町村で、全九七九人が応募した。そのうち五〇・三％（四九二人）が女性、五一・六％（五〇五人）が四九歳以下。過半数もしくは同数が女性だった自治体は一一に上る（四九歳以下は八自治体）。

二〇二〇年度の大刀洗町は六四％が女性、二〇一九年度の川西市は四九歳以下が六四％、一〇代、二〇代も一九％、行政の会議で、これほど女性と若い世代が参加するのはとても珍しい。

単に若者や女性が多ければ良いというものではないが、若者や女性の参加比率と議論の質や住民協議会全体の満足度が、実際にどのように関わっているのかについて考えてみよう。

■抽出年齢の下限を一五歳に！

無作為の抽出方法（抽出人数、年齢配分など）は実施する自治体によって異なるが、できる限り若い世代に多く参加してもらうための工夫をする自治体が多い。

千葉県富津市（人口約四万四〇〇〇人）は、二〇一五年、地方創生の一環として「総合戦略」（五年間の重点計画）を策定するにあたって、構想日本の協力のもと「住民協議会」を開いた。他の自治体では一八歳以上の市民を無作為抽出することが多いが、富津市はより若い世代にも参加してもらおうと、年齢の下限を一五歳以上として二〇〇〇名を無作為に抽出し、委員就任の依頼を送付した（年齢の上限はなし）。そのうち、八一名が応募（応募率四・一％）。一〇代からも三名が応募した。最年少は一五歳の男子中学生（三年生）だった。

この中学三年生の発言の中で、強く印象に残っているものがある。

協議会の冒頭で、富津市の将来の人口推計や対策について、市の担当者からこんな説明がされたときのことだ。

「現在四万四〇〇〇人程度いる人口が、このままだと二〇四〇年には三万人近くまで減少すると推測される。今後色々な対策を行うことで、何とか三万五〇〇〇人に食い止めたい」

意見を求められた彼は、「なんでそんなに人口を増やすことにこだわるのですか？　人口が減ったとしても魅力のある田舎なら自分も住みたいと思える。（推計で出ている三万人を三万五〇〇〇人に）五〇〇〇人増やすために税金を使うことにどれだけの意味があるのかがよくわからない」と発言。

市の担当者は一瞬言葉が出ず、その後色々なことを話したが、明確な回答にはなっていなかった。少なくとも彼の発言によって場の雰囲気は変わった。参加していた市民の中に何となく漂っていた「人口を増やさなければいけない」という呪縛から解放されたのだと私は感じた。

■なぜ「若者の参加」が会議の質を上げるのか?

若い世代の行政参加に関しては、「若けりゃ良いというものではない」「中学生は行政の話についていけないだろう」という疑念が出てくるかもしれない（実際に指摘されたこともある）。若い世代の行政の会議などへの参加は、実質的な質の向上という点で必須だと私は思う。

その理由をいくつか挙げてみる。

① 若者の発言はシンプル

若い世代は、上の世代に比べて、知識も経験も少ない。しかし、少ないからこそ物事をシンプルかつ純粋に捉えられる。そのため、短い言葉で自分の考えを率直に伝えることができる。

比べて、私も含めたいわゆる「おとな世代」は、知識も経験も若い世代より多くある一方で、自分の知っている知識を全部伝えようとしたり、色々なことに配慮しながら発言したりする結果、話が回りくどくなり何を伝えたいのかわからなくなることが多い。

② 周りの発言に影響を与える

住民協議会は多様な世代が一緒に議論する。もちろん個人差はあるが、相対的に見ると世代が上がるほど話が長い。①で若い世代の発言は簡潔だと述べたが、驚いたのは、議論が進んでいくうちに高齢世代の発言も短くなっていくのだ。七〇代の協議会参加者が終了後の雑談で、「若い人たちの話はわかりやすいよね。彼らの話を聞いているうちに、実は自分の話が長いんじゃないかって思って反省したよ」と漏らしていた。若い世代の話が周囲に影響力を持つ可能性があることは、私にとっても大きな発見だった。

③「その場にいる」ことが大事

参加している若い世代が誰でも饒舌《じょうぜつ》に話せるわけではない。時には発言を求められても言葉があまり出せない人もいる。それでも参加することに大きな意味がある。

それを感じるのは、参加者の発言の中に「今日いる若い人たちは違うかもしれませんが」とか、「今日出席しているような若い世代が楽しいと思える場所に…」など、その場にいる若い世代を意識した発言が随所に出てくるときだ。若い世代の存在にリアリティが生まれているのだと思う。さらに、若者が参加すると場が和む。傍聴者のアンケートで最も多くある意見の一つが、「若い人たちが多く参加しているのを見てワクワクしてきた」(住民)、「若い人が真剣に自分の住むまちのことを考えているこの場の雰囲気がうらやましい」(他自治体の職員)など。若者がその場にいることで自体が、まちが良くなる可能性を感じさせているのだと思う。

もちろん、いきなり会議に来てもらって、行政の資料を理解しながら議論に参加することは不可能だ。必ず事前に住民協議会の趣旨や市の概要などの「勉強」をし、そのうえで協議会の議論に参加してもらっている（これは参加者全員同じ）。

気をつけなければならないのは、「若い人の声も聴いている」というアリバイ作りになってはならないことだ。私がこれまで参加してきた審議会などで、実際にそのような雰囲気が見え隠れするものもあった。どれだけ実質な参加にできるか。さらに言えば、「若くても」ではなく「若いからこそ」議論に参加してもらうという意識を、「おとな」がいかに持つことができるかが重要だ。

■女性のコミュニケーション力

先述のように、住民協議会は女性の参加比率が高い。一般的に、男性より女性のほうがコミュニケーションが上手という話を耳にするが、住民協議会で多くの人たちと対話してきた実感として、そのとおりだと感じている（決して参加男性のコミュニケーション能力が低いということではなく、女性がより長《た》けているという意味で）。

住民協議会は、議論のゴールがあらかじめ決まっているわけではない。住民の日常の生活実感の中から自由に発言してもらい、そこから論点を絞り込んでいく作業だ。私の感覚に過ぎないが、男性は話の結論がある程度見通せていないと何となく気持ち悪いと感じる人が多い一方、女性は結論よりも話をするプロセス自体が重要と感じる人が多いのではないだろうか。

住民協議会の議論においても、例えばコーディネーターである私からの問いに対して、「ちょっと今はまだ考えがまとまらないので意見が出せない」と答える人は男性に多く、女性はたいてい何かしらの発言をする。あらかじめ自分で考えて用意してきた回答よりも、その瞬間に感じていることのほうが本質的であることが多いと私は感じている。つまり、「何かしらの発言」が、行政の課題を解決するためのきっかけになることが多いのだ。

■「好奇心で参加」から「地域の課題の自分ごと化」へ

二〇一七年度から毎年住民協議会を行っている群馬県太田市。二〇一七年のテーマは「健康づくり」だった。その場に三〇代の女性Kさんが参加していた。Kさんはこれまで市の取組みにはまったく関わったことがなかった。市役所から「無作為に一五〇〇人を抽出した中にあなたが選ばれた。是非住民協議会に参加してほしい」という趣旨の封書が届き、「当選した」ようなお得感と好奇心で応募したという。

初めのうちは、市役所に市民が意見を言うだけの場をイメージし、自分は行政のことをほとんど知らないから聞いているだけだと思っていたようだが、実際に協議会でコーディネーターだった私がKさんに話を振ると、実体験を多く語ってくれた。

「出産後に『産後うつ』の症状になった。『母親はこうしなければならない』というプレッシャーを感じてしまった」「心配をかけたくなくて夫や母親に相談できず、そのうち孤独を感じた」

すると、自分の体験を一般化した発言も出てくる。

「身体を動かす健康のことに目が行きがちだけれど、心も健康でなければどれだけ体の健康づくりの対策をしても効果がないと感じている」

さらに、自分が辛さを解消できた経験と、それをどう活《い》かすかという建設的な話も飛び出す。

「私は自分が苦しい時にある保健師に会って悩みを共有してもらい、一言『頑張ってるね』と言ってもらえたことで力が抜けた。再び子どもと向き合えるようになった」「辛いと思った時の相談相手を考えたときに、家族のような身近な存在よりも近すぎない関係のほうが逆に良いときもあるかもしれない。ただし、行政に相談するには敷居が高い」

Kさんは、これらをあらかじめ準備して協議会に臨んだわけではない。初めは一言も発言ができないとすら考えていた。まさに「生活実感」から湧き出た発言ではないだろうか。

さらにKさんは、このような協議会での話し合いを経験して、自分の体験をシェアすることによって解決に向かうこともあるのではないかと感じるようになり、「働くママの心を守る」を旗印とした育児支援のサークルを立ち上げるまでに至った。

住民協議会最終回（第四回）の、Kさんの一言が今でも印象に残っている。

「これまで地域のことに興味がなく、自分のこととして考えていなかった。短い期間だったが自分のこととして考えることができたことは貴重な経験だった」

■「場」をつくる重要性

自身の経験がまちの課題の顕在化につながり、さらに行政以外も含めた解決の方策が導き出されることは、決してKさんの特殊事例ではなく、そのような「場」があれば多く出てくる。それは男性であっても女性であっても同じだと思う。

では、そのような「場」が、女性に用意されているのだろうか。行政の会議では圧倒的に男性が多い。意思決定をするポジションも男性ばかり。衆議院議員の女性比率も世界一九三か国中一六六番目の九・九%（二〇二一年三月現在。列国議会同盟（IPU）調査)。女性の比率を上げるために「そのような女性を育成しなければならない」という声もよく聞くが、少なくとも無作為抽出の手法を使うと半数程度の女性が手を挙げるという成果を見れば、この手法を使わない手はないように思う。

＊

「若者」と「女性」。行政や政治とは距離があると思われているが、この層と無作為抽出=「くじ引き」は、間違いなく親和性が高い。だからこそ、今後さらに広げなければならないと強く思う。

そして、この手法で引き出される若者や女性の力を、ぜひ目の当たりにしてほしい。これは「くじ引き」の醍醐味《だいごみ》とも言える。

③ 多彩に進化し続ける「事業仕分け」

■イメージと違う⁉　事業仕分け

私が二〇一三年から八年間教えた法政大学の講義で、「事業仕分けで連想するキーワード」についてアンケートを毎年取っていた。常に「蓮舫議員」と書く学生が最も多く、そのほかも「二位じゃダメなんですか」「民主党」など、当時の民主党政権が行った事業仕分けのイメージが大きく残っている。

ほとんど知られていないが、事業仕分けは「構想日本」が二〇〇二年に開発したもので（名付け親も構想日本）、地方自治体を対象にして行ってきた。

毎日のようにテレビで放映されていた当時の政府の事業仕分けの映像は、「官僚を叩く」とか、お金を切るためだけのイベントとの印象を強く持たせた。これらの報道の中には議論の全体を見ることなく発言の一部だけを切り取っていたものや、それにコメンテーターが反応して批判をしていたと実感している。

また、民主党政権が終了した時点で事業仕分けもなくなったと思っている人が大多数だと思うが、国では「行政事業レビュー」と名称を変えて同様の取組みが行われている。また、地方自治体でも、今も継続して実施している。そもそも国の事業仕分けは、民主党政権が行う一年前の二〇〇八年に、自民党が初めて行っていた（党内に設置された「無駄撲滅プロジェクトチーム」の主査だった河野太郎議員に協力する形で実現）。

■国と地方で二五〇〇回実施

事業仕分けの実施回数の全体像は以下のようになる。

・政府による事業仕分け：六回（二〇〇九年～二〇一二年）

このほか、事業仕分けを「内生化」することを目的として各府省において行政事業レビューを実施。民主党政権時代の二〇一〇年に開始し、現在も継続実施（自民党政権において、毎年度の実施が閣議決定されている）。

・国会（衆議院決算行政監視委員会）での事業仕分け（二〇一一年）

・政党による事業仕分け：四回（自民党三回、民主党一回、ともに二〇〇八年）

・地方自治体の事業仕分け：二七〇〇回（二〇二〇年度末現在）

上記のうち、私は政府、政党の事業仕分けではすべての場でコーディネーターを務めた。地方自治体の仕分けは二七〇〇回中二〇〇回程度参加。日本で最も事業仕分けの場にいる人間だろう（政府での事業仕分けの際は、それを担当する内閣府行政刷新会議事務局に任期付きの国家公務員として勤務していた）。

事業仕分けを最もよく知る立場の一人として、改めて事業仕分けとは何なのかを振り返りたい。

■事業仕分けの考え方

事業仕分けを一言で言うと「公開の場で、外部の視点を活用して、個々の事業を精査する作業」であるが、この外形だけでは事業仕分けは完結しない。国も地方も、これまで行ってきたすべての事業仕分けは次の基本的な考え方に基づいている。これらを正しく理解したうえで事業仕分けを行えるかどうかが、成功と失敗の分岐点になる。

(1)　事業仕分けは「手段」である

「事業仕分け＝コストカット」というイメージが強いが、お金を切ることだけが目的ではない。地方自治体であれば、事業の質（やり方）の見直しや、行政への市民参画、職員の意識改革などを一番の目的にするケースが多い（最近の事業仕分けではコストカットが主たる目的になることはごく稀《まれ》）。

国においても、大々的に行われた二〇〇九年一一月の事業仕分けは歳出の削減が一番の目的だったが、翌二〇一〇年四月に行った第二弾の仕分けでは、独立行政法人（以下、独法）の組織・制度の見直しを目的として、独法のいくつかの事業を抽出して仕分けを実施した。その後、仕分けの評価結果や議論で出された多くの論点を「すべての独法の全事業」についても適用したうえで見直し方針を策定。その方針が閣議決定された。最終的には、独法は当時の一〇四法人から八七法人に集約された。

なお、実施主体（国や自治体）が何を目的にして事業仕分けを行うかによって、対象事業の選び方や議論の進め方も異なってくる。つまり、事業仕分けを行うこと自体が目的ではなく、何のために仕分けを行うかが最も重要となる。

(2) 実情（リアリティ）のチェック

例えば、「この事業は○○基本計画に謳《うた》われているとても重要な事業です」と説明する担当職員が時々いる。しかし、○○基本計画に書かれている内容は趣旨や理念であって、書かれているからといって理念が実現しているわけではない。理念や目的が実現するために適切なお金の使い方、仕事の仕方になっているかどうかを、現場の視点で、これまでの実績や事実を積み上げながらチェック（ファクト・チェック）していくのが事業仕分けの役割だ。立派な計画や趣旨説明があっても、その事業が実際に住民・国民の役に立っているかどうかとは別問題なのだ。そして、官僚、公務員は実際にどうお金が使われたかを意外に把握できていないことが多いのが実感だ。

あわせて、聞こえの良い「事業名」にも惑わされてはいけない。ある県で対象になったのが「青少年健全育成事業」。事業名だけを聞くと良い事業とも思えるが、事業内容は、小学生を公園に集めてポニーに乗せることだった。議論では、「ポニーに乗せることが青少年の健全育成に本当につながるのか？（成果は出ているのか？）」「ポニーに乗せるよりも、例えば夜間の見回りをするなどのほうが青少年の健全育成につながるのではないか」などの意見が出たが、担当者は「青少年健全育成は大切」など情緒的な受け答えに終始してしまっていた。

国でも以前、環境省の事業で「SATOYAMAイニシアティブ推進事業」というローマ字、カタカナ、漢字が混在した、わかるようでわからない事業があった。この事業の目的は里山の保全だったが、実際に行っていたことは、重要な里山を三〇〇か所選定したり諸外国の事例を研究しながら自然資源管理モデルを策定・発信したりするもので、里山保全という目的の達成手段にはなっていないものだった。

(3)　事業仕分けが最終的に目指すのは民主主義の健全化

事業仕分けの重要な要素は、実質的な「公開性」と「外部性」だ。議論の模様はもちろん、議論に使われる資料などすべて公開で行う。今でこそ全面公開は当然と思われるだろうが、事業仕分けを開始した二〇〇二年当初は、すべてを公開することは「非常識」とすら考えられていた。

また、外部でかつ現場の視点を持った人に、いわゆる「仕分け人」を担ってもらう。一般論に終始する「有識者」よりもリアリティを持った人を選ぶことがポイントだ（仕分け人の人選は構想日本が行う）。

この二つは、「行政を開く」ことにつながり、ひいては、国民一人ひとりが行政や政治、社会に対して当事者意識を持つきっかけになる。そこから、行政や議会が再び動き、民意が政治・行政に反映され始める。事業仕分けが最終的に目指すのは、政治・行政の「自分ごと化」、つまり「民主主義の健全化」なのである。

この実現を加速化するために生まれたのが、地方自治体の事業仕分けで行っている「市民判定人方式」だ。①と②で、無作為に選ばれた住民が様々な行政課題について議論する「住民協議会」について述べた。住民協議会の元になっているのがこの「市民判定人方式」である。

■「市民判定人方式」とは

もともと事業仕分けは、他の自治体の職員や民間企業に勤めている人など現場に精通した人が「仕分け人」となり事業を判定する方式だったが、この進化形が「市民判定人方式」だ。

この方式は、住民基本台帳などから無作為に一定数を選んで案内を送付。その中で応募のあった人に事業仕分けに参加してもらう。

仕分けの場では、判定人は個々の事業の議論には原則として参加せず、構想日本が選定する外部の「仕分け人」による議論を聞いたうえで、「不要」「継続だが改善が必要」「もっと拡充すべき」などの評価を行う。

「市民判定人方式」は二〇〇九年に埼玉県富士見市で初めて実施して以降、一一五回行っているが(二〇二〇年度末現在)、応募率は、平均すると四〜五%程度。一〇〇〇人に送付すると四〇〜五〇人が応募していることになる。例えば「二班で一日」あるいは「一班で二日」の体制で仕分けを行う場合、一班二〇人程度で参加していることになる。その市民判定人の多数決によってその場の結論を出す仕組みになっている。

なお、構想日本では、無作為に選ばれた住民が事業の評価をしたり行政課題について議論する取組み、つまり事業仕分けと住民協議会を総称して「自分ごと化会議」と名付けている。くじ引きで選ばれた多様な住民が政治や行政、地域を「自分ごと」にしていくことが、より満足度の高いまちづくりにつながると考えるからだ。

■行政が「さらけ出す」ことで市民の意識が変わる

「市民判定人方式」がなぜ政治・行政の「自分ごと化」につながるのか。

次ページの図をご覧いただきたい。これは市民判定人が事業仕分けに参加する前と後の意識の変化を聞いたものである。

参加する前と後で、「税金の使い方への関心度」や「行政の事業内容の理解度」が格段に上がっていることがわかる。さらに、参加した市民へのインタビュー調査などでも最もよく出てくる意見が以下の二つだ。

① 「今まで行政は何をしているかよくわからなかった（自分たちの税金が何に使われているかわからなかった）けれど、この場に来て職員が一生懸命仕事をしていることがわかった」

全国どこの自治体でも、多かれ少なかれ行政（や政治）への不信感・不透明感があると感じる。

判定人を務めることによって、その不信感・不透明感が払拭できているのではないだろうか。

②「これまでは『利用者』の視点でしか物事を考えていなかった。事業仕分けに参加すると利用者の視点に合わせて『納税者』の視点も付け加わって物事を考えられるようになる」

　例えば「公園」。利用者の視点で考えれば

事業仕分け参加前後の意識・行動の変化（市民判定人アンケート結果）

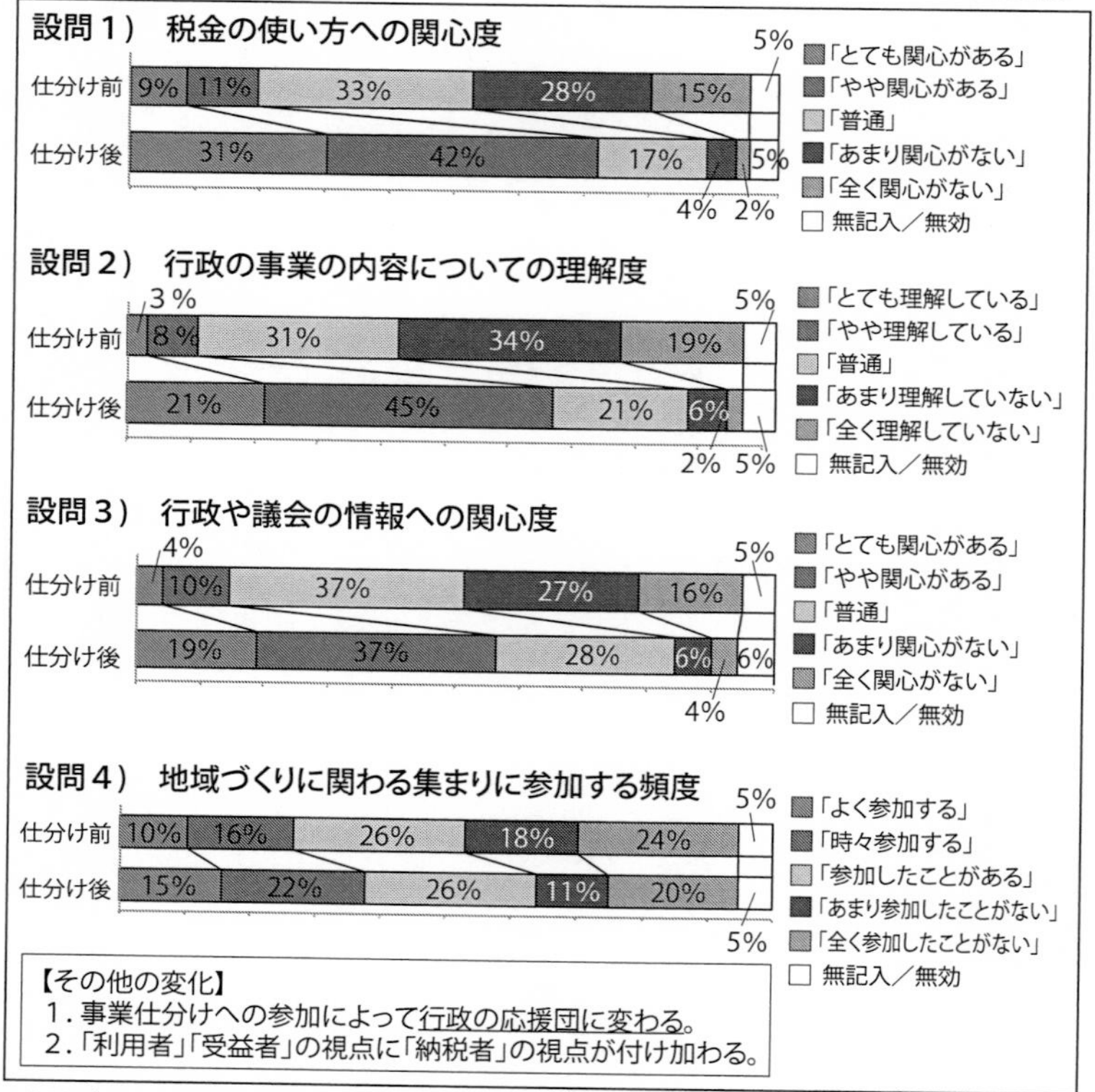

※2009年～2012年に実施した事業仕分け市民判定人方式（延べ35自治体）において判定人を務めた2,846人が対象。回答率43.4%。構想日本まとめ。

遊具は常にきれいなほうがよいし、人気のある遊具を新たに設置してほしいと思うだろう。しかし、事業仕分けに参加することで、今ある公園を維持管理するために税金が使われていて、新しい遊具を設置しようとすれば当然ながら追加で税金がかかる。その「当然のこと」にリアリティを持たせてくれるのが事業仕分けの場ではないだろうか。

この二つの意見から見えてくるのは、「さらけ出す」ことの重要性だ。市民は、断片的な情報しか与えられないことが多い。そうなると事実誤認が生じ、事実とは違う情報の中で行政を批判してしまうケースがある。

事業仕分けでは、少なくとも議論する事業や分野の全体の情報や、事業を執行する公務員の考えを知ることができる。そのことで市民が行政に対して感じていた批判的な意識がなくなる、つまりボタンの掛け違いになっているものを解《と》きほぐせるのではないだろうか。

■「事業シート」なくして仕分けの成功なし

手段である事業仕分けは、多様な使い方をこれまでしてきたが、一貫して活用しているのが「事業シート」だ（図参照）。「事業シート」とはそれぞれの事業の目的や概要、コスト、成果などを、統一の様式で記載したもので、事業仕分けで対象となる事業について作成してもらう。

統一様式で作成してもらうのは、事業担当者の伝えたいことだけでなく、幅広く客観的な事実に基づ

事業番号１

	2021 年度

事業シート（概要説明書）

予算事業名		事業開始年度	
上位施策事業名		担当局・部名	
根拠法令等		担当課･係名	
事務区分	□自治事務　　□法定受託事務	作成責任者	
実施の背景			
目　的 （何のために）			

事業概要	対　象 （誰・何を対象に）		対象者数（全住民に対する割合） 人（　　%）
	実施方法	□直接実施	
		□業務委託 又は □指定管理　（委託先又は指定管理者：　　　　　）	
		□補助金〔直接・間接〕（補助先：　　　　　実施主体：　　　　）	
		□貸付（貸付先：　　　　　）□その他（　　　　　）	
	事業内容 （手段、手法など）	事業内容	
	関連事業 （同一目的事業等）		

			2021 年度（予算）	2020 年度（決算見込み）	2019 年度（決算）	2018 年度（決算）
コスト	事業費	事業費合計	千円	千円	千円	千円
		事業費内訳 （2020年度分）				
	人件費	担当正職員	人　千円	人　千円	人　千円	人　千円
		臨時職員等	人　千円	人　千円	人　千円	人　千円
		人件費合計	人　千円	人　千円	人　千円	人　千円
	総事業費		千円	千円	千円	千円
財源内訳	国県支出金		千円	千円	千円	千円
			国県支出金の内容			
	地方債		千円	千円	千円	千円
	その他特財		千円	千円	千円	千円
			その他特財の内容			
	一般財源		千円	千円	千円	千円
	財源合計		千円	千円	千円	千円

事業番号1

2021 年度

事業シート（概要説明書）

予算事業名			事業開始年度			
事業実績	活動実績	【活動指標名】（実績値/目標値）	単位	2020 年度	2019 年度	2018 年度
				/	/	/
				/	/	/
				/	/	/
				/	/	/
	単位当たりコスト	／				
事業成果	成果目標（指標設定理由等）					
	成果（目標達成状況）	【成果指標名】（実績値/目標値）	単位	2020 年度	2019 年度	2018 年度
				/	/	/
				/	/	/
				/	/	/
事業の自己評価（今後の事業の方向性、課題等）						
比較参考値（他自治体での類似事業の例など）						
特記事項						

いた情報を知りたいからだ。

「事業シート」のみでその事業の良し悪しがわかるものではないが、様々な論点を浮き彫りにするための入口となる。「事業シート」は仕分け全体の中で非常に重要なツールだ。

■手応えが大きい自治体の事業仕分け

国も地方も、事業仕分けの結果は拘束力を持つものではない。あくまでもその場での結論であり、それを踏まえて行政の中で再度協議し、最終的に予算や事業に反映させることになっている。政府で行っていた際には「仕分けはただのパフォーマンス。効果が出ていない」などの批判をよく耳にした。地方自治体でもそれにつられる形で同様の指摘が多くあった。

繰り返しになるが、事業仕分けは「手段」だ。したがって、何を目的に行うかによって仕分けの成果の捉え方も異なる。地方自治体の仕分けにおける市民の「自分ごと化度」の向上という効果は先述のとおり非常に高い。

こんな調査結果もある。地方自治体ではこれまで合計約六〇〇〇事業を仕分けているが、そのうち、二〇〇六年度から二〇一四年度までに行った約二三〇〇事業について、仕分けの結論が、事業費の削減や事業のやり方の見直しなどにどの程度反映しているのか、フォローアップ調査を行ったところ、「反映率」は七三％だった。

この数字をどう捉えるかは人によって異なると思うが、当事者としては、結果に拘束力を持たない中で考えると反映率は高いと感じている。ちなみに、「市民判定人方式」で出た結論と、外部の仕分け人のみが結論を出した場合の反映率を比較すると、「市民判定人方式」で出た結論のほうが八％高くなっている。市民による結論は一段重みが出ていると言える。

なお、事業費はどの程度削減されているのか推計してみると、全六〇〇〇事業の仕分けの中で約三〇〇〇億円の削減額という結果が出ている。あくまでも推計値だが、それなりの規模になっていると私は思う。

■霞が関の文化を変えた？　国の事業仕分け

そして国。当時の民主党政権で行った六回の事業仕分けのうち、歳出削減を前面に出して行ったのは二〇〇九年の第一回のみ。この時は、約二兆円の財源確保（歳出削減額が約九七〇〇億円、歳入確保額が約一兆円）であった。

歳出削減とならぶ効果として、経済産業省の課長（当時）の「事業仕分けによって、予算を執行するにあたって官僚に緊張感が生まれた。その意味で霞が関の文化を変えた」という言葉に代表されるように、霞が関の意識の変革もあげられる（メディアではほとんど報道されなかったが）。

二〇〇九年の事業仕分けでは、最大一日に三〇〇〇人が傍聴に訪れた。会場となった体育館が傍聴者で溢《あふ》れ返り、一〇〇人以上が会場の外で行列を作り最大三時間待ちになるなど、仕分け会場がテーマパークと化した。行政の行う会議にこれほどの傍聴者が訪れることは後にも先にもないのではないか。さらに、当時の世論調査では、「事業仕分けを継続して実施すべき」と考えている人が八割以上だった。予算編成の透明化による国民の「納得度」の向上という効果が何よりも大きかったと言える。

＊

以上のように、事業仕分けによる効果は国でも地方でも様々だ。事業仕分けは「手段」であるからこそ、その使い方にはまだまだ無限の可能性があると私は感じている。

④ 事業仕分けではどんな議論をしているのか？

行政が行っている事業は、国民・市民の税金を使って行っている。だからこそ、その事業は「みんな」のためにならなければならない。実際に、国や地方自治体で現在行われている事業で、受益者が一人もいないものは一つもないと言ってよい。しかし、明らかにお金の使い方を間違っていると考えられる事業もまだまだ存在している。

これまで、全国一二二の自治体（二七〇回）で合計約六〇〇〇事業、国では約一〇〇〇事業について事業仕分けを行ってきた（詳細は3参照）。日本で最も多くの事業の仕分けに参加した立場から、事業仕分けの議論の一端を紹介し、仕分けのポイントや、まだまだ行政の事業には見直しの余地があることを示していきたい。

■ケース1：事業の目的は絞るべし（人口約四万七〇〇〇人のT市「シャトル便運行事業」）

名前だけ聞くと、シャトルバスを走らせている事業のように聞こえるが、実は違う。

事前に自治体から提出してもらう「事業シート」の事業の目的には「両庁舎における文書等の仕分

け、配布、郵便物の差出しをシャトル便運行に集約することで効率的に行っている。また、庁舎間の移動をしなければならない市民の利便性を考慮し、シャトル便に市民を乗せて運行している」と記載されていた。

それは「事業内容」であって、「目的」になっていないと思ったが、それはさておき、T市は一〇年ほど前にI町とY村が合併してできた市であって、現在も両庁舎で分業しているため、文書や郵便物などを庁舎間で運搬しているという。

八人乗りのワンボックスカーで、一日四往復（八便）。一便当たりの文書は一五通。

文書だけではもったいないので、せっかくだからということで市民も乗せることになった。しかし、実績を見ると、一便平均二人。事業費は約二〇〇万円。「仕分け人」が問う。

「文書も人も少なすぎないだろうか?」「この事業の主たる目的は、文書を円滑に運ぶことなのか、市民の利便性向上のための『交通』なのか?」

担当者の答えは「両方」。

しかし、明らかに性質の異なる二つの目的を合わせて事業を行うと、効果が薄く非効率になることが多い。この事業についても、議論を進めていくと、文書だけの運搬なら一日一往復か二往復（二〜四便）で十分と市側もわかっているが（それでも多いという指摘もあった）、市民のニーズが高い、という理由から八便走らせているとのこと。

両庁舎間の距離は車で一〇分程度。さらに、別事業でコミュニティバスを走らせており、大部分はルートが重複している。それでも、一便二人くらいしかいない市民を乗せることの意味は何か？

答えは、「例えば旧I町の庁舎で対応できずに旧Y村庁舎に行ってもらわなければならないことが発生するから」。それは何件かを尋ねると把握はしておらず、感覚論としては少ないとのこと。

さらに、「両庁舎間をまっすぐ行けるルートがないためこのシャトル便が必要」と言っていたが、それはコミュニティバスの路線をどう有効に変えていくかで解決すべきであって、この事業で達成させることとは違うのでは？　と質問すると、担当者は「コミュニティバスを所管する企画課とは調整をしたことがない」との返答。四万七〇〇〇人くらいの規模の市であっても縦割り構造になっていることが明らかになった。

文書の運搬についても、シャトル便以外にも職員が急な決裁や業務で両庁舎間の行き来をすることは当然ながら多いため、「緊急性の高くない（その日のうちに届けばよい程度の）文書については、あらかじめ決められた箱に入れておき、それを職員が行き来する際に持っていくことも考えられるのではないか？」「そもそも緊急性の高い文書はどのくらいあるのか？」などの質問が出たが、担当者は把握できていなかった。

振り返ると、この事業の大きな論点は、「目的が文書の運搬と市民の足の確保の二つになっていることで事業の執行が中途半端になっており、結果として効果が薄く非効率になっている」ことだ。

文書の運搬が主たる目的ならば、本当にシャトル便が必要な文書がどのくらいあるのか、まさに仕分けが必要であるし、市民の足の確保が主たる目的ならば、企画課で行っているコミュニティバスの事業と完全に目的が重複するので、コミュニティバスの運行の中で考えることであって、この事業で考えることではない。

「せっかくだから」という気持ちで、一つの事業に複数の目的を入れ込む事例は少なくないが、大部分は結局どっちつかずになり無駄が生じているというのが、仕分けをやっていての実感だ。

■ケース2：代替案を探す（人口約四万五〇〇〇人のA市「長年の懸案だった市営診療所の廃止」）

一五年ほど前に五町が合併してできたA市。旧H町にある二つの診療所を市が運営している。一般財源は七〇〇〇万円。黒字・赤字にかかわらず基準に基づいて一般財源から捻出する「繰出金」のほか、診療報酬では足りない運営費を一般財源で補っている。

H診療所は、医師四名（臨時職員一名含む）、看護師一一名（臨時職員三名含む）体制で一日平均八七人の患者。地域の状況から考えるとても多い。

比べて、N診療所は、常駐者はおらず月曜日午前中、水・木曜日の午後のみの診療で他市のB診療所の医師が交代で出張している。患者は一日平均七人。

私は仕分けを行う前日に両診療所を見てきたが、N診療所が所在する地域はいわゆる限界集落で、近くの保育園、小学校は既に廃園・廃校になっており、診療所の周囲の世帯数もごくわずか。議論の中心はN診療所の必要性だった（過去にも何度となく議論されていた）。

このN診療所とH診療所は車で約一五分。他に一〇分以内で行ける距離に総合病院、もう少し離れたところにクリニックもあった。そして、N診療所に行く人の大半は車を使う（歩ける距離に住んでいる人は少ない）。それならば、他の診療所・病院に行くことは可能ではないか。ただし、車の使えない人はいるかもしれない（実態を聞いたが把握できていなかった）。もしそうであれば、コミュニティバスなどを走らせるほうが効果的ではないだろうか。

また、患者の大半は「医師個人」に付いている。「〇〇先生の時に行こう」という人が多いのだ。であれば、必ずしもN診療所でなければいけないわけではないだろう。

さらに、「診療所」というハコにこだわるのではなく、往診や訪問看護を活用するほうがより効果的・効率的になるのではないか。

このような議論が交わされる。

市の担当課は、「限界集落となっているN地区にとって診療所の存在は非常に重要。安心感が与えられる」ことを繰り返し説明していた。その安心感を別な手段で代替できるのではないか、ということを議論しているのだが、「診療所は重要」と繰り返す。

診療所というハコが重要と言うならば、N診療所でしかできないことを説明してもらわねばならない。事業シートには「心のよりどころ」との記載がある。

しかし、実際には診療所から五〇メートルくらいのところに公民館があり、そこは地域住民で管理している（地域で鍵を管理）。よりどころは他にも存在していることも見えてきた。

結論は「不要・凍結」となった。

過疎地の医療は非常に厳しい。人の命に関わることだから、患者数が一日七名などの費用対効果のみで考えてはいけない。ただしそれは、代わりのサービスの選択肢がまったくないときの話で、今回の事業は代替サービスの可能性が十分にある。しかもサービス水準を維持しながらだ。そのような選択肢がある場合、地域住民に対して丁寧に説明し合意形成を図ることも行政の役割ではないだろうか。

■ケース3：「あれもこれも」から「あれかこれか」へ（人口約二六万人のF市「学校教育ネットワーク事業」）

まずは行政側から提出された事業シートから事業の内容を引用する。

〈目的〉

ネットワークによる情報の共有化をすることで、これからのネット社会に対して子どもたちが安全・安心に操作できるよう授業等でのさらなる活用促進やビジュアルを含め子どもたちにわかりやすく、興味を持つ授業展開に活用する。また、学校間や学校と教育委員会とのネットワークを密にして学校運営を円滑に進める。

〈事業内容〉

【ハード面】

・学校教育ネットワークを通して、情報モラル教育及び情報セキュリティー教育に関するソフトを各学校に配信し、児童・生徒の情報教育や教職員のＩＣＴ研修に活用できるよう、ネットワーク環境の保守や維持を行う。

【ソフト面】

・児童・生徒に、ネット社会における安全な生活のための学習と健全な態度の育成を図るとともに、教職員や保護者の共通理解を進めるため、配信されたソフトを活用した授業や研修会を実施する。

・学校における情報セキュリティーを推進し、情報漏洩《ろうえい》等のトラブルの防止を図るための研修を実施する。

・各学校でのホームページの作成、更新

・学校への情報提供、連絡の電子化

〈事業費〉

約六〇〇〇万円（主な内訳：学校教育ネットワークシステム保守料＝約三八〇〇万円／LAN回線使用料＝約一九〇〇万円／プロバイダ料＝約三三〇万円）

目的や事業内容を見ると、子どもたちの教育の質向上のためのネット活用にかかる事業のようにも感じるが、事業費内訳を見ると、システム保守料や、プロバイダなどの事務的経費がほぼすべてであることがわかる。事務的経費であれば、業務に支障をきたさないよう安全に、かついかに低コストで運用できるかがポイントになる。

仕分けの議論の中心は、ネットワークシステム保守料の三八〇〇万円についてだった。

サーバーの管理や運用などの契約に関わったことのある人ならわかるかもしれないが、三八〇〇万円は人口比で考えても一般的に見て高い。何か特別な機能があるのではないか。市の担当者からの説明では、「普段のメールから、文書や成績管理、学習者情報データベースまで、学校でのあらゆる日常業務をネットワーク化することで紙の量を減らし効率化できる。そのために『学校基本情報管理システム』を構築している」とのこと。

確かにうまく運用できればかなりの効果がありそうだ。しかし、すべて出来上がっているのかを聞いてみると、「現在ネットワークで運用しているのは学校スケジュール、施設予約、メール、学校日誌です」。

その程度の機能なら、フリーソフトもある。本当にそれほどのコストがかかるのだろうか。なぜ、成績管理など他のシステムは運用していないのか？

答えは、「現在のところ、このネットワーク用のソフトが開発されていない」。

あまりのことに声も出なかった。

つまり、「学校基本情報管理システム」という大がかりなハードは作ったものの「学校でのあらゆる日常業務をネットワーク化する」ためのソフトはできておらず、フリーソフトを使えば済む程度の運用しかされていなかったのだ。

さらに、今回の事業費の三八〇〇万円は運用に使われており、主に電話サポート業務に使われていて、一年間の問合せ数が一九六二件。単純計算すれば、一件当たり二万円弱になる。これほど高い電話問合せも聞いたことがない（他方で一日当たり七、八人がサポートセンターに問い合わせているというのも多いと感じるが）。

このシステムは仕分けの時点までに、構築費と運営費を合わせて約七億二〇〇〇万円もかかっている。ソフトが開発されていないのに「構築費」に多額の事業費が発生し、さらにとても単価の高い電話サポートに毎年度お金がかかっていたことになる。

コーディネーターを務めていた私は、何か言い分があるに違いない、実はそれ以外に別なコストも入っているはずだ、と思い担当者に促したが、それ以上の答えはなかった。

結論は「抜本的見直し」となった。

このような効果のないことが明らかな事業であっても、予算額で判断すると、「デジタル化が進んでいる」となりかねない。概念論だけで判断をしてはいけない。

ちなみにF市は、これまでは非常に裕福な自治体と見られていたが、近年、税収が減少してきている。一度上げた生活水準を下げるのが困難なことは行政運営においても同様だ。「あれもこれも」から「あれかこれか」へと、行政職員、市民全員の意識変革が必須と言える。

*

以上三つのケースを示した。これらの事業すべてが全国の自治体で行われているわけではないが、上記の考え方や論点は、他の事業についても同様に言えることが多い。

このようなやり取りをしていると、時折「事業仕分けは『木を見て森を見ず』だ」と指摘されることがある。どのような理念、ビジョンのもとで事業を実施しているかは当然念頭に置いている。気を付けなければならないのは、理念だけで事業の良し悪《あ》しの判断をしてはいけないことだ。理念が素晴らしくてもその理念が実現するためのお金の使い方ができていない事業を、これまで何度も見てきた。

「神は細部に宿る」。物事の本質は細部にこそ表れることを常に意識しておく必要がある。

5 実践①：住民協議会の元祖、大刀洗町

福岡県の南部、久留米市の北東部に位置する人口一万六〇〇〇人弱の町、大刀洗町。この町は「住民協議会」の発祥の地だ。

■きっかけは、事業仕分けの手ごたえ

大刀洗町は、住民協議会を二〇一三年度に全国で初めて実施した。これは、構想日本の活動の大きなターニングポイントにもなった。

大刀洗町で住民協議会を行うことになったきっかけは、二〇一〇年に初めて実施した事業仕分けだった。

大刀洗の事業仕分けは、無作為に五〇〇名を選んで案内状を送付し、応募のあった判定人が約三〇名（応募率五・三％）。そのほか、仕分け当日の傍聴者が約一四〇名、事業説明や会場運営を行う役場職員約四〇名が会場に来ていた。町の一％以上の人が事業仕分けの会場を訪れていたことになる。二年後に行った二回目の事業仕分けの際も、判定人の応募率、傍聴者数ともに同程度であった。

仕分けに関わる住民の比率が他の自治体よりも明らかに高かったため、私たちはこの特徴をさらに活

かせないかを考え、事業の評価だけでなくまちの課題について一緒に議論をする「住民協議会」を発案し、安丸国勝町長（当時）に提案するに至った。

提案当初、安丸町長は、必ずしも賛同していたわけではなかったように思う。それは私たちとの調整窓口になっていた職員の雰囲気からも伝わってきていた。

そうした中で町長が上京され、私たちのアイデアについて説明する機会を得た。ついに町長は、「うまくいかなかったら辞めればよいし、ひとまずやってみよう！」と承諾してくださった。「走りながら考える」という発想は、民間企業の経営者でもあった安丸町長ならではだと思う。

■町長のリーダーシップで住民協議会を条例で設置

大刀洗町ではこれまで、無作為に選ばれた人に行政の会議に参加してもらう手法は行ったことがなかった。初めて無作為抽出して案内状を送付するとき、総務課の職員が「うちは人口が少ないから手を挙げる町民はたいてい知り合いだと思う」と言っていた。しかし、蓋を開けてみると、応募者八九名のリストのうち、明確に顔と名前が一致する人はほんの数名だった。人口規模を問わず、無作為抽出によって行政がこれまでアプローチできていなかった人に届くことを実感し、後にこの手法を大きく広げるきっかけにもなった。

さらに町長のリーダーシップが発揮されたのが、住民協議会が「条例で設置」されたことだ（二〇一三年一二月）。住民協議会は、町長の私的な機関ではなく、議会に諮って議決を経た正式な機関となった。住民協議会でまとめられた「答申」には一定の権限が出ることになる。無作為抽出で選ばれた住民だけで条例設置の会議体を作ったケースは、全国でも例がない。

■住民同士の議論が生むのは、課題解決＋意識変革＋つながり

大刀洗町は、住民協議会を二〇一四年度から毎年度行っている。各年度、次のようなテーマで議論してきた。

・二〇一四年度：「ゴミ行政」「地域包括ケア（主に介護予防）」「地域自治団体と行政の役割」
・二〇一五年度：「子育て支援」
・二〇一六年度：「防災」
・二〇一七年度：「防災（第二弾）」
・二〇一八年度：「暮らしの中の鉄道」
・二〇一九年度：「わたしたちの健康づくり」
・二〇二〇年度：「大刀洗公園の今後をどうする？」
・二〇二一年度：「ゴミ行政（第二弾）」

1で述べたとおり、住民協議会の目的は、①身近な問題を政治や行政任せにせず、住民自らが「自分

ごと」としてまちの状況を知り意見を出し合う、②行政が行っていることを住民が具体的に考え課題解決を目指す、の二点である。すべての住民協議会に関わってきた立場として、大刀洗町は二つの目的の達成度が他の自治体に比べて群を抜いて高いと言っていいだろう。

まず、②の「課題解決」に関しての事例をいくつか紹介しよう。

初年度のテーマであった「ゴミ問題」について。月に一回収集がある「不燃ごみ」はそれほどたくさん出るわけではない。しかし、大きい袋を一〇枚セットでしか販売していなかったために使い切れず、もっと小さくできないかという意見が多数出た。それを受けて行政が販売事業者と交渉し、小さい袋（一〇枚組）を新たに販売することに決めた。この変更が協議会の数か月後に実現したというスピード感も、大刀洗の大きな特徴と言える。

こんなエピソードもある。協議会メンバーの六〇代の男性は、協議会に参加するまで、そもそも何のためにゴミを減らさなければならないのかあまり理解していなかった。だから分別もそれほどしてこなかった。しかし、議論する中で、ゴミを減らすことによってゴミの処理にかかるコスト（＝税金）が安くなるかもしれないことや、温暖化とゴミの量や処理に関係があることを実感した。その気持ちが行動にも表れ、靴を買った際にこれまでは何も考えずに靴を箱に入れて持ち帰っていたが、「靴を入れる箱はいらない」と店員に伝えたと協議会で話してくれた。靴の箱を持ち帰らなくても箱がゴミになることには変わらないが、男性はその後、常にゴミのことを気にするようになったという。この意識の変化こそが重要だろう。

二〇一八年度のテーマは「暮らしの中の鉄道」。乗降客の減少により、私鉄の廃線の可能性も出てきているので、「乗らなければいつかは鉄道がなくなる」ことを共有しながら今後の必要性を議論した。役場の近くにある駅を利用する際に、事前申請すれば役場の駐車場に無料で車を止めて電車に乗ることができる「パーク・アンド・ライド」を行政で行われていることが紹介されたが、知っている人はほとんどいなかった。また、定期利用を想定して事前申請を必要としていたことから、週末にふらっと出掛けようとするときには利用できないという意見も多く出た。

議論を受けて行政は、定期利用以外の駐車枠を設け、空いていれば予約なしでいつでも役場駐車場を使えるように変更した（協議会の答申を待たずに実現）。

このように、住民の生活実感の中から出てくる意見によって浮き彫りになった課題を、みんなで議論することで解決に結びつける事例が多く出ている。住民協議会の最大の成果の一つと言える。

さらに、目的①の「住民が行政やまちのことを『自分ごと化』する」という点においても、大刀洗では多くの成功事例が生まれている。

特筆すべきは「ＯＢ・ＯＧ会」の発足だ。これまで、大刀洗の住民協議会の委員を経験した人は二二四名を数える。大部分の人が協議会への参加によって意識に変化が生まれ、協議会が終わってもつながりを継続したいと考えるようになった。そこで、委員ＯＢ・ＯＧの数名が世話人となって、二〇一七年二月に第一回のOB・OG会を開催するに至った。

過去の住民協議会の参加者に対しての「OB・OG会」への参加意向調査や名簿作成、会合の案内発送など、すべて世話人が行った。二〇一八年二月には、OB・OG会が主催して「若者と政治」をテーマに勉強会を開催、町議会議員にも声をかけた。住民グループが議会を「招待」するという、これまでには見られなかった構図だ。

■議会との関係をどう考えるか

行政が主催して行う住民協議会の話をすると、議会との関係について聞かれることが非常に多い。「課題を見つけて解決策を考えるのは議会の役割ではないか」「地方議会は間接民主制をとっているのだからあえてこのようなことをする必要はないのでは」などなど。

行政主催の住民協議会は、首長が政策を立案し予算を執行するプロセスで多様な住民の考えを聞くための手段である。協議会で出された意見をすべて政策に反映することが決まっているわけではない。色々な素材を提供するのが協議会の大きな役割であり、それを形にして決めていくのは首長や議会の役割だ。その意味で議会との役割分担はできている。

また、「(住民が選挙で選んだ代表者が住民に代わって政治を行い意思の反映・実現を図る)間接民主制をとっているから多様な住民との議論をする必要がない」わけではない。住民が代表者などを介さずに意思決定に直接参加し、その意思を反映させる「直接民主制」の要素を取り入れられる部分があるのならば、そのほうが住民の満足度は高まるのではないか（住民協議会は意思の反映までを約束されているわけではないので直接民主制ではない）。そもそも、全国的には「議会が機能していない」という声が大きい。ならば議会にとって変わることすら考えられる。

では、大刀洗町では住民協議会と議会の関係はどうだったのか。

先に書いたとおり、住民協議会の設置は二〇一三年一二月議会で執行部から議案が上程され賛成多数で可決されている。ただ、その当時は「何をするのかよくわからない」と議会側が思っていた面が強いと聞く。実際、住民協議会実施一年目の二〇一四年の町議会で住民協議会について質問した議員は二名だった（大刀洗町議会会議録より）。

その後、大刀洗の取組みがたびたび全国紙などメディアで取り上げられるようになり、議会からも注目されるようになる。二〇一五年や一六年の議会の会議録を見ると、協議会の意義や費用対効果、本来は議会がやるべきことではないかなど、否定的な質疑も見られた。その際の町長答弁は必ず「住民協議会をしっかり傍聴してから質問してほしい」「議会が主催して住民協議会を行うことは大賛成。ぜひ実現してほしい」という趣旨であった。

それが、先述の「ＯＢ・ＯＧ会」主催の勉強会に議会を招いたことによって「ボタンの掛け違い」が解きほぐされたと言える。二〇一八年三月議会の一般質問では、勉強会に参加した議員から「会員の活発な意見を聞きまして、その熱意に圧倒されたところでありまして、今後、町としてOB・OG会に対して活動の場を提供したらいいのかなというような考えを持ったところであります」（二〇一八年三月議会会議録）というとても前向きな意見も出された。

住民協議会と議会は対立するような関係ではなく、連携することによってさらに住民の満足度が高まることになると実感している。

■大刀洗町は住民参加が当たり前の「住民自治最先端モデル」へ

大刀洗の取組みは、たびたびメディアで紹介され、今でも他の自治体からの視察が多い。協議会に参加した住民の満足度も非常に高く、議論の内容も随時行政に反映され、議会との協調関係も整っている。ここまでうまく継続してこられたのは、安丸町長の強いリーダーシップと経営感覚によるものが大きい。「問題があるかもしれないから事業をやらない（やめる）」ではなく、「問題があるなら改善しながらさらに本来の目的が実現するように進める」という考えに基づいた行政運営をされてこられたのだと私には見える。

安丸前町長は在任中、できる限り住民協議会を継続し、無作為抽出によって選ばれた住民の数をどんどん増やしたいと考えていた。その意向は中山哲志現町長にも十分に引き継がれている。毎年度二〇～三〇名が新たに協議会委員になっており、現在の委員経験者が約二二〇名なので、一〇年後には四〇〇

～五〇〇名になる。人口の三％が無作為に選ばれて協議会に参加し意識が高まれば、住民が行政や政治を「自分ごと」として考えることが当たり前の雰囲気になってくるのではないか。

そうなれば大刀洗町は「住民自治」の最先端自治体となるであろう。いま大刀洗町は、「住民自治最先端モデル」へ向けた壮大な実験をしていると言えるのかもしれない。

６ 実践②：三木町の「百眼百考会議」
――行政の計画策定を自分ごと化する

■職員もあまり知らない？　行政の計画

行政は、「子ども・子育て支援事業計画」「環境基本計画」など、様々な計画を作り、それに基づきながら行政運営を行う。

「計画」は当然、実行しなければ意味がない。しかし、自治体の中には、計画を作ることが目的となってしまい、その計画に何が書かれているのか、どのような理念に基づいているのかなどについて、市民はおろか行政職員の中でも知る人間が少数というところも少なくない。

原因としては、

① 計画書作成を外部コンサルタントに丸投げする

② 住民参加がない、あるいは住民参加の仕組みがあっても参加者の顔ぶれが同じであることが多い（公募で市民を選んだり、「充て職」として各種団体の長を選ぶことのみで「市民の声を反映」という形をとるなど）

③ 職員の関心は計画（理念＝ありたい姿）より事業（予算）で中長期的視点を持たない

といったことが考えられる。

これを脱却し、計画作成自体を「自分ごと化」した自治体の手法を紹介したい。私にとっても最も心に残る事例である。

■香川県三木町の「百眼百考会議」――「くじ引き」で選ばれた住民が総合戦略策定の議論に参加

地方創生の一環で、地方自治体は五年間の重点戦略である「総合戦略」を二〇一五年度に作った。構想日本は、三つの市町で戦略を作る協力を行った。その一つが香川県三木町だ。

三木町は、高松市の東に位置する人口二万八〇〇〇人ほどの町。高松市に通勤する人が多い一方で、香川大学医学部附属病院が町内にあるため、町内に通勤する医療従事者が多い。

私たちが協力するにあたっては、

①　職員が自分たちの頭で考え戦略を作る（構想日本に丸投げしない）→構想日本は、頭の整理や戦略作成の支援を行う

②　住民が「自分ごと」として関わるプロセスを入れる→構想日本がこれまで培ってきたノウハウを全面活用する

という二点を前提とすることを三木町と確認した上でスタートした。

いきなり「これからの教育においては○○すべきだ」などの「べき論」を行うのではなく、まずはこれまでの実績のチェックや現状把握から始めることにした。現状把握をして初めて課題は浮き彫りになると考えるからだ。

現状把握をするにあたっては、構想日本が行っている「事業仕分け」の手法を用いた。三木町が行っている事業について統一様式の「事業シート」を作成してもらい、構想日本が選定する外部の専門家が加わって議論する。実績や事実をチェックする中で課題が見えてくる。二日間二班体制で、三木町の全事業の約四割について外部によるチェックを行った。

次に、チェックで見えてきた課題を整理したうえで、無作為に選ばれた住民と一緒に議論する場を設けた。構想日本では「住民協議会」と名付けているが、三木町では以前から「百眼百考会議」（五〇人、一〇〇の目で三木町を見てもらい、それぞれの考えでアイディアを出してもらうという意味）という名で行われていたので、この会議を総合戦略作成のための「素材づくり」の場として活用することにした。

無作為で選ばれた住民を①「移住促進・受入れ」、②「行政と地域組織の役割」、③「地場産業と雇用」、④「結婚・出産・子育てなど若年世代対策」の四つのグループに分け、それぞれのグループに構想日本が選定するコーディネーターを置いた（構想日本は行政職員や研究者、民間企業従事者など多様な分野の人に協力を仰ぎながらプロジェクトを行っており、コーディネーターも構想日本スタッフ以外が務めることが多い）。

「百眼百考会議」は月一回くらいのペースで全六回開催した。まずは課題の整理、現状の確認、そして日常生活の中から感じることや改善策をどんどん出してもらう（発散）。四回目、五回目は少しずつ集約のための議論を行う。ただし、この会議ですべての答えを見つけ出すわけではない。あくまでも「素材を出す」ことを目的としているので、できる限り、住民の生活実感から見えてくる思いや意見を引き出すことに時間を使った。

「幸せな暮らしは自分だけではできない。周りの人や行政と一緒になって何をすればよいのか考えたい」

これは会議で出てきた発言。まちづくりを自分のこととして捉えていて、自由に話せる空間だからこそこのような発言が出てきたのだと感じている。

■住民と各界トップランナー混成の委員会で意見をとりまとめ

この会議で出された「素材」をとりまとめていく段階では、有識者からなる委員会を作った。三木町では、①全体をとりまとめる「総合戦略策定委員会」のほか、②日本一子育てしやすい町を目指すための具体的な取組みを検討する「まんで願いきいきタウン構想策定委員会」（「まんで願」とは「すべて」という意味の方言）の二つを設置した。

この二つの委員会の構成メンバーには大きな特徴があった。一般的な行政の会議体では、例えば商工団体の会長や農協の組合長、銀行の支店長など、その町に住む「有識者」が委員となることが多い。しかし、三木町の筒井敏行町長（当時）は「町の識者の話は日常的に聞くことができる。今回はそうではなくて全国で活躍する人たちと一緒に議論して作り上げたい。ただ、私（町長）はそのような人たちとのつながりがないので、人選はすべて構想日本にお願いしたい」という考えであったため、構想日本が人選を進めた。

その結果、「総合戦略策定員会」は座長に我孫子市長や消費者庁長官を歴任した福嶋浩彦氏、委員には、広告代理店「博報堂」の執行役員や、ネット生保「ライフネット生命」の常務（女性）、情報システム企業の「ＩＢＭ」の政策渉外部長（女性）などが就任、さらに「まんで願いきいきタウン構想策定委員会」は座長に「アエラ」の編集長に就いてもらうなどした（肩書はすべて当時）。

どちらの委員会にも、「百眼百考会議」の代表者や町内の各種団体のトップの方にもオブザーバーとして参加いただき、住民と外部委員の混成チームとなって議論を重ねた。

ちなみに、お願いした外部有識者は全員が引き受けてくださった。委員会は両方とも四回の開催。皆さん大変に多忙な中で、東京からの移動を含めて丸一日かかる。四回の参加は時間的にとても難しいと思っていたが、それでもお引き受けいただいたのは、各界のトップランナーは現場で起きていることにとても関心を持っているからではないかと感じた（毎回の日程調整は困難をきわめたが）。

私は双方の委員会の委員を務めた。私自身、審議会など行政の会議には数多く出席しているが、この二つの委員会の議論ほど「おもしろい」と思ったことはない。現場で起きていることや生活実感から来る意見と、日本や世界を舞台に活躍している人の経験や考えが化学反応を起こして新たなアイディアが生まれる場面が何度もあった。行政の会議の議事録を見たいと思う人はほとんどいないと思うが、この議事録は読んでいてもまず眠くはならないだろう。

■すべての議論に参加した職員の手で総合戦略を作り上げる

委員会で議論したものを最終的に文字に落とし込んでいくのは職員だ。当時、多くの自治体で総合戦略の策定をコンサルタントに委託し、コストはかかるけれど最終的にはきれいな戦略書が出来上がる、というケースが見られたが、それではせっかくの戦略が「他人ごと」になってしまう。冒頭に述べたように計画は実行しなければ意味がない。だからこそ、職員が委員会の議論にも参加し、当事者意識をもって作ることこそが大切だ（もちろん構想日本も一緒になって作り上げる）。三木町ではプロジェクトチームを作って総合戦略を完成させた。

三木町での計画作りにおいて気を付けたのが、多くの意見を出した住民の思いが委員会での議論や職員が文字に落とすプロセスで落ちないようにすること。そのため職員によるプロジェクトチームには、百眼百考会議で常に議論に加わることにより熱を感じてもらった。

この委員会でとりまとめた総合戦略について、再度「百眼百考会議」を開いてフィードバックした。「百眼百考会議」で出た住民の意見すべてが戦略書に盛り込まれることは不可能だ。しかし、その取捨選択のプロセスもすべてさらけ出すことで、「自分の考えがすべて取り入れられているわけではないけど、これでもよいかな」といった納得感が生まれる。この納得感こそ、行政に対する信頼感を醸成するための重要な要素だと思う。

■傍聴した住民も感動！　総合戦略の完成

このようなプロセスを経て、三木町の総合戦略は完成した。タイトルは「三木町まんで願　大作戦～『わたしのまち』と一人称で呼んでもらえる三木町をめざして～」。個人的にはサブタイトルがとても好きで、これは当時の筒井町長の発言から抜き出したもの。住んでいる人みんなが、「わたしのまち」と思えるくらいに町を自分ごと化してほしい、そのような町になればとても魅力的になる、といった願いが込められている。

完成後、この作成手法や戦略の中身について、多くの自治体から問い合わせや視察があったほか、作成プロセスについての講演依頼もあったと聞く。これまで縷々《るる》述べてきた手法が注目されたと言えるが、三木町の総合戦略の作成が成功した重要なポイントがもう一つある。それは、町長、副町長（ともに当時）、そして若手を中心とした職員の意識だ。

審議会などでは、初回の冒頭あいさつしか出席しない首長も少なくない中、総合戦略策定委員会、まんで願いきいきタウン構想策定委員会の全八回、すべてに町長と副町長がすべての時間参加し、議論に加わった。当然のことのように聞こえるかもしれないが、実は容易なことではない。外部の委員や住民と一緒に町長や副町長が議論することで、トップの考えが内外にとてもよく伝わる。何より、トップの熱の入り方が庁内全体に伝わる。二つの委員会は平日昼間の開催だったが、「この場の雰囲気や議論を聞くことはとても勉強になる」という町長の思いにより、職員の傍聴が業務として推奨された。若手職員を中心に二〇人以上が傍聴した会もあった。

そしてプロジェクトチームの職員。若手を中心に構成されたチームは、スタート当初から受け身ではなく、せっかく大々的に戦略を作るならより良いものにしていきたいという「食い付き感」をとても強く感じた。

＊

「行政は新しいことには拒否反応がある」と感じることがあるが、三木町にはその言葉が無縁だった。最終的に戦略をまとめ上げていくプロセスにおいて、三木町と構想日本の間で「この仕事はどっちがやるべき」などの言葉は一切なかった。「百眼百考会議」や委員会で熱く交わされた議論をどう落とし込んで、最高の成果物にするか、その目標のために双方が一体化して作ることができた。そのくらいに職員が新しいことに対して前向きに物事を捉えてくれた。

私自身、この当時は一年間で二〇回あまり三木町を訪れた。これまで二〇〇か所以上の自治体と仕事をした中で、最も思い入れの強い町でもあった。それは単に訪れた回数が多かったからではなく、トップの懐の深さと強いリーダーシップ、職員の前向きな姿勢、住民一人ひとりの町のことを考えようという「自分ごと度」の高さ。すべてがかみ合っていたからではないかと思う。

最後の会議が終わった直後、傍聴していた住民の方々からの「感動した」「涙が出てきた」という発言は今でも頭に残っている。このような住民と一緒にまちをつくりあげるための協力ができることは、自治体の改革活動に関わることの最大の魅力の一つと言える。

⑦ 実践③：全国初。議会主催の自分ごと化会議
——岡山県新庄村

■人口九〇〇人の村の議会で

岡山県北西部、鳥取県との県境に位置する、岡山県新庄村。人口は約九〇〇人。二〇一五年の国勢調査による人口は、全国の市町村の中で少ないほうから二六番目（東日本大震災によって全村避難をしている自治体は除く）。明治五年の町村制制定以降、一度も合併をしていない村でもある。

元来、自主自立の意識が高く、人口が少ないため合併すると新市の周辺部と位置付けられる可能性が高く、それでは「村民性」が薄れてしまうため、合併はしなかったと聞く。この小さな村の議会が、二〇一八年から二〇一九年にかけて全国でも最先端の議会活動となる試みを行った。

構想日本では、以前から議会が一つになって「自分ごと化会議」（事業仕分けや住民協議会）を実施することを提案し続けてきた。地方自治体は二元代表制であり、首長と議会がともに住民を代表している。双方が緊張関係を保ちながら両輪となって住民の満足度を向上するための活動をすることが制度的に期待されている。しかし、今の地方議会が住民にとって機能しているかと聞かれて「イエス」と答える人はほとんどいないのではないか。

私たちは、議会の本来の機能を果たすための具体的な手法の一つが、議会主催の「自分ごと化会議」だと考えてきた。その中で新庄村議会は、二〇一八年一一月から二〇一九年六月にかけて、全国で初めて議会主催の「自分ごと化会議」を開催したのだ。

新庄村で「自分ごと化会議」が動き出したのは二〇一八年五月下旬。磯田博基議長、稲田泰男副議長が全国町村議長会で上京された際、住民協議会について話が聞きたいと連絡があった。これを仕掛けたのは議会事務局長の女性だった。彼女は事業仕分けなどの研修会に参加したことがあったため、私たちの活動の意義をよく理解してくれており、議長と副議長に話を聞いてもらいたいと思っていたとのこと。

お二人に話をすると、大変に関心を示された。九〇〇人ほどの小さな村であっても、議会として住民の多様な意見を聴き切れていないという問題意識を持たれていたのだ。議会関係者に私が説明することは数多くあるが、話をしたその瞬間は関心が高まっても、その関心が継続せず実現には至らないケースが圧倒的に多い。しかし、この時は違っていた。議長が議会主催で行うべく他の議員に声をかけ、二か月後の七月下旬には八人の議員全員が東京の構想日本オフィスまで話を聞きに来られた。

この二回の説明会を経て、八月中旬に議会として「自分ごと化会議」の実施を決定。その後、何度となくオンライン会議をしながら準備を進め、一一月に第一回を開催した（全四回会議を開催）。

オンライン会議では常に全議員が参加。議長の強い意思で実施が決まったものの、独善的ではなく議員全員で進めていこうという議長の意向によるものだったと聞く。こうして、初対面から半年という、他の自治体では考えられないほどの速さで実現に至ったのである。

自分ごと化会議は、無作為に選ばれた人が一緒に議論することが最大の特徴だが、人口九〇〇人の村で、無作為に選ぶ必要があるのだろうかと思われるかもしれない。私自身、そう思っていた。しかし、議長曰《いわ》く「行政や議会の集まりに出てくるのは『世帯主』（＝男性かつ高齢）しかいない。それを変えるために無作為抽出をしてみたい」。そのくらいに、行政主催の会議には決まった顔しか来ないという。

選挙人名簿から一八歳以上一二〇人を無作為に選んで案内を送付。うち応募のあった人は一七人。応募率は一四・二％。一五〇回以上行ってきた自分ごと化会議の中で最も高かった。さらに、一七人のうち六人（三五％）が女性。かつ四〇代以下が四〇％。「普段出てこない人が多く参加している」（議員の皆さんの声）。これだけでも半分成功したとすら思えた。

■新しい発想が生まれる。理念が共有されていく

議論したテーマは「村役場庁舎について」。築約五〇年が経過、現庁舎は老朽化が激しく耐震性にも欠けている。庁舎の建て替えは、対策が必要な喫緊の課題だった。

「自分ごと化会議」は、与えられたテーマだけを議論することはまずない。そのテーマの周辺のこと

や、まち全体のことも考えなければ、課題の解決策が見えてこないことがたくさんあるからだ。この時も、役場庁舎にとどまらず、「今後も村が持続可能になるための方向性」「そもそも役場にはどのような機能があるのか、今後必要なのか」「役場職員の働き方」「既存の公共施設や空き家の状況」など、様々な論点が出された。

庁舎の建替え自体の話についても、一般的に考えられる選択肢は、①今の場所に建替え、②他の場所に建替え、③今の庁舎を大規模改修して活用する、くらいだと思うが、今回は四つ目の選択肢として、「既存の建物を活用しながら役場機能を分散化する」という意見も飛び出した。

「役場機能の分散化」と聞いてもイメージが湧かないかもしれない。新庄村は今の役場庁舎の周辺に公共施設が集中していて、メイン通り（がいせん桜通り）もすぐ近くにある。桜通りの空き家を活用して、建物は分散しながらも一つのエリアの中に役場機能を集中させようというアイディアだった。

このような意見が抽選で選ばれた人から出てくるのがまずおもしろい。そして、この意見がどんどんとつながっていく。「役場という建物自体が目的ではなく役場の機能が維持できて住民の満足度が低下しなければ何も悪いことではないのでは」などなど。

このような様々な意見が出る中で共通理念が見えてきた。それは、「コンパクト」であること。役場庁舎もそうだし、村全体も今後はコンパクトをキーワードにしようと、参加した誰もが考えるようになった。人口九〇〇人の村の身の丈に合った村づくり。この視点をさらに多くの村民に考えてもらうことが重要という意見も出された。

また、役場の正規職員がたった三三人しかいないことは、マイナス面だけでなく、職員と住民の距離感がとても近いという強みになっていることがわかった。日本一距離感の近い村を目指そうという方向で参加者の考えは一致した。

■“人口が少ない村だからこそ”の強みを活かす提案書がまとまる

最終的な提案は、以下の四項目にまとめられた。

提案1．村内の既存施設（公共施設や空き家など）の状況を把握し、活用の可能性を検討する。

会議の中で、既存の資源はある程度活用していることがわかったが、人口が少ない村だからこそ、今後も増えてくるであろう空き家や、稼働率が高くない公共施設などの状況をより正確に把握し、「使えるものはとことん使う」という考えを常に持つようにする。

提案2．役場のどのような機能が必要なのかを突き詰めて考えたうえで、その機能をさらに活かすための役場職員の業務の見直しを行う。

役場で行っている業務すべてを知ることは意外に難しい。住民にとって真に必要な業務は何なのかをみんなで考え、精査していく必要がある。また、正規職員が三三人しかいなくても行政として行う業務は他の自治体とあまり変わらない。一人ひとりの業務量が多くなっている現状を見直し、職員にとっても、住民にとっても使いやすい役場になるよう考えていく。

提案3. これまで以上に役場職員が住民に寄っていき、日本一住民と職員の距離感の近い自治体を目指す。

「職員の名前を知らない住民が出てきた」という言葉が出たが、これ自体が役場と住民がとても近い関係であることの証明だと今回わかった。さらに職員が住民に寄っていくことで、日本一住民と職員の距離感の近い村を目指す。そのことは、人口の少ない新庄村の強みにもなる。

提案4. 今回の会議のような、庁舎の話し合いをきっかけとして村づくり全体について考える場を、議会としてもっと作る。多様な住民の意見を常に聞く姿勢を持つ。

今回の「自分ごと化会議」をイベントで終わらせることなく、これをきっかけとしてさらに多くの住民を巻き込んで議論を継続していく。その時は、行政職員も一参加者として加わっていく。議会と行政がともに協力しながら行っていくのがよいのではないか。

＊

この会議にはシナリオが一切ない。だからどのように決着するのかもまったくわからないまま議論が進んだ。途中、参加している住民からも「本当にこれでまとまるのか?」など不安な声を聞いたが、参加住民みんなが前向きに考えて議論すれば、必ず良い形でまとまる。これが一〇〇回以上コーディネーターを務めてきた私自身の実感だ。そして、これこそが自分ごと化会議の醍醐味だと思う。

最終回（第四回）の最後、参加者の皆さんに感想を語ってもらった。その言葉を少しだけ紹介したい。ここに、この会議の本質が垣間見えると思う。

○本当は人前で話すような場はものすごく苦手だが、自分なりに考えていたことを伝えられた。また、気の合った人とは話をする機会があるけど、今回のように若い世代の人たちの意見を聞けたことはよかった。

○〔今は村から離れている大学生〕今回の会議を通じて、自分たちがどうしたら、新庄村に戻ってくるか、当事者意識がより芽生えた。心のどこかで、自分は外に出るから残っている人たちで考えればいいと思っていた。私たち世代でもこういうことを考えていきたい。

○役場のことから村全体の話ができたことがよかった。改めて新庄村について考えられた。

○コーディネーターは外の人だから、客観的に公平に聞いてくれる。感情が入らない。だから素直に言える。

以下は、参加住民から議員への一言。

○大変良い取組みだった。住民の意見を聞いてくれたことに感謝。

○今回出た皆さんの意見を是非、議員活動に反映していただきたい。

○自分の住んでいる地域で、まさかこんなことが開催されるとは思っていなかった。村民の意見が発信できる機会を設けていただき、ありがとうございました。

■提案のバトンは議会へ

会議の第二回と第三回の間には、村議会議員選挙があった。当初、選挙を挟むと主催する議員の構成が変わってしまう可能性もあるので、会議を四回行うのは諦めて二回程度にしようかという話もあったが、「住民が最も満足する形で行いたい」という議員の皆さんの思いによって、選挙を挟んでの会議開催となった。そして、実際に議員構成に変化があったものの、新しい議員も納得をする形でやり切ることができた。その心意気には頭が下がる。

その後、住民から議会に渡されたバトン（提言）はすぐに動き出した。

二〇一九年一二月、提案書を受けて、議会から村長に対して要望書を提出し意見交換を行った。

議会からの要望は以下の二項目。

① 役場庁舎のあり方に関する検討委員会を設置し、庁舎の建替え等の必要性や、建替え等の方法について検討を開始する。

② 「村づくり自分ごと化会議からの四つの提案～新庄村役場庁舎について」の提案にもあるように、庁舎の建替えいかんにかかわらず、数少ない役場職員の負担を軽減するため、職員の業務量の調査を行う。議会としても、必要に応じて協力していく。

村長はその場で、検討委員会の設置について言及されたのだが、その後すぐに着手。検討委員会を設置し、庁舎の建て替えに関するアンケートも二〇二〇年度に行っている。

住民の議論をそのままにするのではなく、常に動きを作っていることも新庄村のとても大きな特徴だ。議会が多様な住民の意見を聴いて、そのうえで判断し、執行部と議論を重ねる。これこそが住民自治ではないだろうか。

なお新庄村議会では、二〇二一年度、第二期の「自分ごと化会議」を行っている（テーマは介護・高齢者福祉のあり方）。一過性で終わらせるのではなく継続していることも特筆すべきことだろう。

強いリーダーシップを発揮された磯田議長と、仕掛人でもあり裏方として支えてこられた議会事務局長に、心から敬意を表したい。

8 実践④：住民参加で公共施設を見直す
――香川県高松市

■進む老朽化で対応が急務

全国津々浦々、都道府県や市町村が建設した体育館や公民館などの公共施設がある。

公共施設の多くは、一九七〇年代に建てられたため老朽化が進み、更新時期を迎えている。特に、一九八一年の建築基準法の施行令改正以前の「旧耐震基準」の建物か、それ以降の「新耐震基準」の建物かによって倒壊リスクが大きく変わることがわかっている。一九九五年に発生した阪神・淡路大震災の際、「大破」した建築物は「新耐震」が一〇％未満だったのに対し、「旧耐震」は約三〇％であった。このため、一九八一年以前の建物についての対応が急務とされている。

また、住民の年齢や居住地域、ライフスタイルの変化によって必要な施設が変わったり、市町村合併によって類似の施設が一つの町に重複するケースも多く出ている。

■「総論賛成・各論反対」で見直しが進まない

政府は二〇一三年一一月に「インフラ長寿命化基本計画」を作り、二〇一四年度には全国の地方自治体に対して、「公共施設等総合管理計画」（以下、総合管理計画）を作成するよう各地方自治体に通知を出した。

さらに「総合管理計画」を作るにあたっては、具体的に以下の三点を記載することを国が指針で定めた。

①　公共施設等の現況及び将来の見通し（老朽化の状況や利用状況、人口に関しての今後の見通し、公共施設等の維持管理・修繕・更新等に係る中長期的な経費の見込みやこれらの経費に充てることが可能な財源の見込みなど）

②　公共施設等を総合的、計画的に管理するための基本的な方針（全庁的な取組体制の構築や情報管理・共有の方策、現状や課題に関する基本認識、公共施設等の管理に関する基本的な考え方、フォローアップの実施方針）

③　例えば体育館や学校など、施設類型ごとの管理に関する基本的な方針

※あくまでも指針なので、すべての自治体がまったく同じ構成で作っているわけではない。

つまり、総合管理計画で示されるのは見通しや方針など「総論」が中心となる。「今ある公共施設をすべて建て替えるほど財政に余裕はない」「そもそも人口が減っているから公共施設を減らしていくの

は当然のこと」など、「総論」は大抵の人が賛成をする。したがって、どこの自治体も総合管理計画は割合、作りやすかったと言える。

しかし、総合管理計画を作ったからといって見直しが完了するわけではない。具体的にどの施設をどのように減らしていくかという各論（個別計画）がなければ見直しはできない。

そして、いざ着手しようとすると、「うちの地域の体育館はよく利用しているのでなくすなら他の体育館」「この公民館は歴史も伝統もあるから特別」といった反対意見が多く出る。典型的な「総論賛成・各論反対」なのである。だから、なかなか公共施設の見直しは進まない。

■計画段階で住民を巻き込む仕組み

「総論賛成・各論反対」を乗り越えるためには、見直し計画を完成させる前の早い段階から、住民を巻き込んだ議論を行っていくことが重要だ。

従来、行政が計画を作る際に幅広く住民の意見を聴くといっても、ある程度計画を作りあげたうえで「住民説明会」などと銘打って行われることが多い。そうすると、住民の意見に対して、「参考にさせていただく」「検討してまいりたい」などと言いつつ計画自体は変えないケースも多い。

なぜそのような進め方をしてしまうのか？　行政の枠の中で作るほうがまとまりやすかったり（落としどころが作りやすい）、途中で住民の意見を聴くことでまとまる話がまとまらなくなるおそれがあったりという懸念からきていると推測する。しかし、そのようなやり方で参加住民の満足度、納得度が高まることはなく、逆に行政に対しての不信感が募り、対立の構図になってしまうのではないだろうか。

構想日本では、公共施設の個別施設の見直し計画を作る過程において住民と一緒に考え合意形成を図る場を作る協力をしている。これを「施設仕分け」と呼んでいる。

施設仕分けには以下の三つの基本的な考え方がある。

①　「施設シート」の作成

建物や土地の基本情報や利用状況などを統一様式の「施設シート」にまとめ全体像を把握する。統一の様式で作成することで、施設間、自治体間での比較が可能になる。

「施設シート」の作成にあたっては、施設にある各部屋の稼働状況をいかに詳細に調査できるかがカギになる。例えば、住民に会議室などを貸す「貸し館」の機能がある場合、部屋ごと、またコマごと（午前、午後、夜間など）に稼働状況を示さなければならないが、多くの自治体でこの把握ができていない。


例えば以下のようなことがある。

・生涯学習センターの中に、大会議室、小会議室、多目的教室の三つの貸会議室があるのに、大会議室が使用された時点で他の部屋も含めてその日の稼働率が一〇〇％でカウントされる。
・ある会議室の利用は、一日のうち一一時から一二時までの一時間しか使われていなかったのに、その日の稼働率が一〇〇％でカウントされる。

「総論賛成・各論反対」を乗り越えるには、客観的で詳細な事実を示すことが大前提だ。

② 事業と施設を一緒に考える

施設（建物）そのものだけではなく、施設の中の機能（事業）の評価（建て替える必要性や事業の実施手法の改善策はないかなど）が不可欠。

例えば、老朽化し建替えもしくは解体が必要なA施設とB施設があるとする。建物だけを考えると、A・B双方を建て替えるか、統合してC施設を新設するかが見直しの考え方の中心となる。しかし、A・B双方の機能を見直した結果、今ある機能のうち三割は削減できるとなれば、もしかしたら既存のD施設でその機能を吸収できるかもしれない。あるいは、C施設を新設するとなったとしても必要とされる面積に違いが出てくることもあり得る。

③ 「くじ引き」で無作為に選ばれた住民（納税者視点）とコアな利用者（利用者視点）との議論による合意形成の仕組み作り

施設の見直しを行っていくうえで最も難しいのが住民の合意形成だ。合意形成を進めていくためには、前述のとおり、施設見直しの計画段階から、多くの幅広い住民に参加してもらうことが何よりも大切である。

幅広い住民と議論をするための手段としては、「くじ引き」で選ばれた住民を活用することが効果的だ。利用者の視点に加えて、納税者の視点から物事を考えることができるからだ。

ただし、無作為に選ばれた住民の中に、頻繁に施設を利用している住民が一人もいない可能性もあるため、その施設を利用する団体の代表者にも議論に加わってもらうような工夫も必要となる。

以上のように、幅広い世代、様々な属性、施設を使っている人も使っていない人も含めて、いかに「みんな」で考え議論できるか、そして行政が情報をさらけ出し住民と向き合えるかどうかが、合意形成を図るための重要なポイントと言える。

■香川県高松市で、「自分ごと化」の瞬間！

「施設仕分け」を一番初めに行ったのは香川県高松市。二〇一三年一一月に実施した。保健センター（七施設）、温浴施設（八施設）、スポーツ施設（一六施設）、総合福祉会館（一施設）の四類型、計三二施設の評価を行った。

議論の一端を紹介する。

テーマは「保健センター」。高松市は二〇〇六年に合併をしているため、保健センターも旧市町単位で設置されており、引き続き併存させるかどうかが課題となっていた。

議論が始まって間もないタイミングで、保健センターの調理実習室を頻繁に使っていた利用団体の代表者から、「この保健センターは絶対に必要」「私たちは食生活のリーダーを養成するなど市民のための活動をしているのにその拠点がなくなるのはとても困る」という趣旨の発言があった。しかし、議論が進むにつれて、日常的に利用している保健センターの近くにコミュニティセンターがあり、そこにも調理実習室があって稼働率もそれほど高くないことがわかってくると、「大事なことは活動できる場所があることなので、この保健センターにこだわっているわけではない」と発言された。明らかに、初めと発言の内容が変わっていた。

これは、行政と住民の関係を考えるうえでとても重要なシーンだと私は思う。住民は行政に比べて圧倒的に情報量は少ない。少ない情報や断片の情報の中で考えると、現状を変えられることには抵抗感が出る。しかし、全体情報を知ることができれば、この代表者のように捉え方が変わる。それによって、合意形成が進みやすくなるだろう。

なお、高松市の保健センターの評価は、「総量減少」となった。無作為に選ばれた市民の意見として、

○「保健センターを四箇所程度にし、各健診などは各所のコミュニティセンターを使用。各地域に保健センターは不要」

○「高松保健センター（筆者注：最も大きいセンター）は総括拠点として充実を図る。その上で、他の保健センターはコミュニティセンター内に集約し、他のセンターは廃止すべき」

○「更新時期・建替え時期に廃止を含めて検討する」

など、個別具体的なものが多く出された。総論・各論ともに「自分ごと」として捉えた結果ではないだろうか。住民にとって「自分ごと」になるかどうかは、公共施設の見直しに限らず、これからの行政経営や社会を考えるうえで、必要不可欠な要素だ。

なお、高松市はその後二〇一六年に策定した「高松市公共施設再編整備計画（一次）」において、七つある保健センターのうち五つの保健センター機能を「総合センター」に統合することを決定した。「施設仕分け」での議論や提言が活かされた格好だ。くじ引きで選ばれた市民の意見が政策に影響するという点で、とても画期的なことと言える。

＊

全国の防災拠点となる公共施設（注）の棟数は、二〇一二年度末一八万八三一二棟から二〇一八年度末一八万七四九二棟と、六年間でほぼ横ばいで、例えば体育館は、すべての市町村に三つずつある計算になる。これまで述べてきたように、老朽化、市町村合併、生活の変化などによって、公共施設の見直しが迫られているにもかかわらずだ。

「隣の町にあるからうちの町にもあったほうがよい」といった、いわゆる「フルスペック主義」の発想が今もあるのではないだろうか。「ないものねだり」から「あるもの探し」へと発想の転換を早急にしなければならない。そのためには、行政が住民にしっかりと情報をさらけ出し、住民と向き合って議論していくほかに手はないと考える。

その積み重ねが、行政・政治や社会を「自分ごと化」することにもつながる。

（注）防災拠点となる公共施設とは、社会福祉施設、文教施設、庁舎、県民会館・公民館等、体育館、診療施設、警察本部・警察署等、消防本部・消防署所などを指す（出所：消防庁「防災拠点となる公共施設等の耐震化推進状況調査報告書」）。

9 実践⑤：住民が主催！「自分ごと化会議in松江」

――原発を自分ごと化する

本書でここまで紹介した「自分ごと化会議」（住民協議会と事業仕分けの総称）は、すべて行政や議会が主催している。そのため、もし住民が自分ごと化会議をやりたいと考えても、行政や議会が動かなければ実現できない。市民の提案を首長や議会が賛同して実行に移すことは、時間も労力もかかるし簡単なことではない。

ならば、住民自らが主催してしまおうという試みが二〇一八年一一月に行われた。島根県松江市の「自分ごと化会議in松江」だ。

■選挙人名簿から住民が手作業で「無作為」に選ぶ

「自分ごと化会議in松江」は、松江市民が中心になって組織された実行委員会が主催し（構想日本も実行委員会の一員）、無作為に選ばれた市民とともに特定の課題について議論し一定の方向性を導き出そうというもの。「住民協議会」の手法をそのまま住民グループが活用するというのだ。二〇一八年一一月～二〇一九年二月の間で、計四回の会議を開催した（各回三時間程度）。

住民グループが無作為に選ぶのは、実務的にはとても大変だ。行政が行う場合は、住民基本台帳を使ってコンピュータがランダムに自動抽出してくれる。しかし、住民グループは住民基本台帳を使うことができないので、選挙管理委員会へ行って選挙人名簿を閲覧し、約一七万人の選挙人名簿から、手作業で七五人おきに二二一七名を「転記」し入力した（選挙人名簿はコピーや撮影禁止）。私は作業に加わっていないが、実行委員会に入っている島根大学の学生らの協力も得ながら、延べ二二名で約一〇時間半かけて作業を行った。

抽出した二二一七名に案内を送付し、その中から応募のあった二一名と、実行委員会の構成団体である島根大学の学生五名の計二六名が「会議参加者」となった。

■テーマは「原発」。賛否ではなく「何を考えなければならないか」を議論する

住民グループが主催ということ自体大きな特徴だが、この会議はもう一つ特徴があった。「原発」を議論のテーマにしたことだ。せっかく大々的な試みをするのであれば、誰もがわかるテーマにするほうが良いという観点から選定された。

「原発」は決して身近とは言えないが、誰もが知ってはいる。ただし、二〇一一年の福島第一原発事故以降、気軽に話すことのできない分野でもある。一般財団法人「原子力文化財団」が毎年行っている「原子力に関する世論調査」では、「ふだん原子力やエネルギー、放射線に関する情報を何によって得て

いるか」の問いに対して、「家族、友人、知人との会話」と回答した人は、二〇一五年が一七・〇％であったのに対し二〇一七年が九・四％と低下している。原発立地地域は特にその傾向が強いとも聞く。松江市は、全国で唯一、県庁所在地に原子力発電所（島根原発）を持つ市である。

こうした状況だと、原発に関しての表立った議論は、原発推進派もしくは脱原発派によるものがほとんどになる。すべての国民の考えがどちらかに選別されるわけではなく、その中間にある人や、判断のつかない人、そもそもあまり考えたことのない人など、原発推進派もしくは脱原発派以外の人のほうが圧倒的に多いだろう。また、原発推進側も脱原発側も、同質の人だけで集まって自分たちの主張を繰り返すことが多く双方が交わることはほぼない。その状態では良い解決策が生まれないのではないだろうか。逆に感情的な対立が際立っているとすら思える。

このような膠着《こうちゃく》状態を変えていくことも「自分ごと化会議in松江」のねらいの一つであった。ただし、この会議自体の目的は、島根原発の稼働（再稼働）の是非や原発自体の賛否を決めることではない。原発について何を考えなければならないのか、原発をどうすれば自分ごととして捉えられるかを考えることにある。「みんなで」原発のことを建設的、前向きに考えるための試みだ。

「原発をテーマに住民グループが会議を開催」と聞くと、脱原発の会議を想像する人が多いのではないだろうか。繰り返しになるが「自分ごと化会議in松江」は、原発の賛否を問うのではなく「何を考えなければならないか」を考える場なので、運営母体が完全中立の立場であるとともに、原発に賛成・反対両方の立場の考えを聞くことが重要と考え、両方の立場の人や団体に協力を要請し快諾をいただいた。特に、当事者である中国電力が応じてくれたことは、議論の深化、会議運営の円滑化において非常に重要なポイントとなった。

■会議の概要

私はこの会議全体のコーディネーターを務めた。

初回は原発に関する全体像の把握や様々な視点を知ることを目的として、リスクマネジメントが専門の谷口武俊氏（東京大学政策ビジョン研究センター教授（当時））に、「原発を考えるために必要な視点～科学によって問うことはできるが、科学によって答えることができない問題群」と題して、原発を考えるために必要な視点や、なぜ原発という難しいテーマで専門家だけではなく住民対話が必要なのかについて話していただいた。その後、中国電力や、賛成・反対の活動をしている人からの問題提起によって、会議参加者に両方の立場の考えを知ってもらった。

第二回は、自分の生活と原発やエネルギーについて自分たちが考えなければならない論点を出し合う。主に、「電力と地域経済」「核のゴミの最終処分、廃棄物の問題」「再生可能エネルギーのリスク」などの論点が出され、そのうえで「将来私たちが望む生活スタイルと原発は密接につながる」という意見が複数出た。これを踏まえ、第三回までの「宿題」として、「四〇～五〇年後、自分たち（子どもや孫）はどのように暮らしているかを自分なりに考えてくる」ことにした。

第三回は、「宿題」について意見を出し合いながら、四〇～五〇年後の暮らし方とエネルギーの関わりを考えた。第三回の開催前には、中国電力の計らいで会議参加者と実行委員会のメンバーが、島根原発の内部、特に原子炉を特別に見学させてもらった。原子炉まで見ることのできた団体はわずかだと聞く。中国電力にこの会議の意義や重要性を理解していただいた表れではないかと感じる。

最終の第四回は、会議参加者に各回の終了時に記入してもらった「改善提案シート」（課題や改善策を記入するためのシート）や、議論内容をもとに実行委員会で作成した提案書案について、集約に向けた議論を行った。

■住民だからできる「どう暮らしたいか」という議論

各回終了後に、記者や傍聴者から「落としどころはどこですか？」「それぞれの論点はどのように進んでいくのですか？」と聞かれたが、この会議には、シナリオも落としどころも一切ない。参加する住民の発言から論点が生まれ議論が発展していく（他の自分ごと化会議でもすべて同じ）。シナリオのない議論だからこそ、率直で本質的な議論が出てくるのだと私は思う。

「江戸時代末期の松江市の一大産業は鯨の油を取る仕事だった。しかし、今の松江市には鯨の油を取る産業はないが、その影響で失業している人はいない。時代によって産業が変わっていくのは当たり前のことではないか。そうしたことも含めて、これからどう進むべきかを考えることが大事」
「中国電力対市民（私たち）ではない。みんなで一緒に考えたい」
「五〇年前はよく停電していた。パッと急に電気が消えて、子どもの頃はそれが楽しかった。不自由だったけど不幸ではなかった。五〇年後も『電気が足りないから不幸だ』とはならないような気がする」

前向きな発言がどんどん飛び出す。一方で、他を否定するような発言は一つとしてなかった。全員がまさに「自分ごと」として考え、悩み、心が揺れながらの発言だからこそ率直で本質的なのだと思う。これは、当事者である私の色眼鏡というわけではないだろう。毎回、傍聴者が五〇〜一〇〇人程度いた（類似の会議と比較すると群を抜いて多い）。原発に対して賛成・反対の明確な考えを持っている人も傍聴者の中には多かったと思うが、傍聴者アンケートの結果を見ると、「良かった」「まあ良かった」の合計が毎回、八〇％を超えた。また、「良かった」の割合は、第一回五三・三％、第二回七〇・四％、第三回七八・一％、第四回八三・三％と、回を重ねるごとに高くなっていった。議論が次第に本格化し、深化していることを実感した人が多かったのではないか。

満足度の高さは傍聴者アンケートに記載されたコメントからも読み取ることができる。以下に一部抜粋する。

・マスコミで聴く内容以外の話が聞けた。賛成、反対の二項対立でない会議の場がよかった。

・「市民がすごい！」この力を生かした社会づくりにつながりますように。
・「安心して話せる場づくり」がとても大切ですね。このスタイルが色んな場で定着するとうれしいです。
・このような場が現実に可能だとは思わなかった。参加者がきちんと集まっただけで驚きで、民主主義の可能性を感じた。
・自分ごと化は学びに向かう！　対話の深まりに向かう。すごい！
・自分自身も会議に参加したような気持ちになり、自分のこととして考えられました。
・一人ひとりが大切にされている空間だった。
・自由な発想のもとになんでもありの会議は素晴らしいです。だれが正しいかではなくて、どうしたら幸せと感じる生活ができるかを考えるのは、まさに私自身の望むところです。
・多様な立場の人の意見が出る。（ふだん）声を出していないだけで、考えていることはたくさんあることが可視化されてすごい。
・隠れた光をどんどん見いだしてください。

私は会議をコーディネートするにあたり、「何をすべきか」ではなく「自分はどうありたいか」の視点、生活実感から議論することを考えていた。「何をすべきか」の議論をするならば、専門家が集まるほうが答えは出るかもしれない。しかし、「どうありたいか」の議論は専門家ではできない。そこに暮らす人にしかできないのだ。

また、原発は科学でも答えることのできない問題があることを、第一回で基調講演をしていただいた谷口武俊さんが教えてくれた。だからこそ、自分たちはどう生きたいか、どうありたいかの視点こそが大切なのではないだろうか。

■会議を踏まえた九つの提案

全四回の会議に島根原発の見学など、約二〇時間にわたる検討を踏まえて、「自分ごと化会議in松江の九つの提案~原発を自分ごと化する~」と題した提案書の〝前文〟には、メンバーで共有した基本的な考え方が三つ記載されている。

・原発は他人事ではなく「自分ごと」であること。そして「自分ごと」にする人が多ければ多いほど、大勢の人が納得する解決策が見えてくる。
・メリット、デメリットは大事だが、そこに留まらず、どんな暮らしを自分たち(子や孫の世代を含め)はしたいのか、松江をどんなまちにしたいか、まで思いを巡らすことが必要だ。
・そのためにも原発の経済効果、廃棄物処理や将来の廃炉コスト、事故対応、代替エネルギーの可能性、それらの背景にある国のエネルギー政策などについて、常に行政も、企業も、情報を市民に積極的に提供し、説明して欲しい。そこに、行政や企業と市民の間の「信頼」が生まれる。

「自分ごと化会議 in 松江」からの9つの提案 ～原発を自分ごと化する～

（2019年3月14日「自分ごと化会議 in 松江」会議参加者一同）

提案1　原発を「誰かが考える問題」ではなく「自分の問題」として、多くの人が関心を持つようにする。

原発に関心を持っている人は賛成か反対かの意思が明確な人に限られることが多く、それ以外の多くの市民は原発に関心を持ちにくい。原発への「賛否」の意思を持つことだけが関心を持つことではない。より多くの市民が原発の現状、自分たちの生活との関わりを知り、考え、自然体で対話できる時間を増やしたい。

提案2　「自分たち（子や孫も含めて）はどう暮らしたいのか、松江市はどんなまちであってほしいか」に思いを巡らして原発のあり方を考える。

原発は「特別なもの」「難しいもの」「触れない方がいいもの」だと思っていたが、理解するにつれて、原発を考えるということは生活そのものを考えることだとわかった。だから、市や県や国に任せるのではなく、私たち自身で考える必要がある。私たちが考えたとしても社会が別の要因で動いてしまうことはよくあるが、まずは、自分を起点にして、その延長線上で松江市、島根県、国、社会を考えられるようにしたい。

提案3　島根原発の見学など、市民が分かりやすい原発の情報に触れる機会を増やし、一人一人が判断しやすい環境をつくる。

今回、島根原発を見学したことによって、見方が変わったり原発についてより深く考えられるようになったりした人が増えた。十分な知識や情報が、自分ごとになるうえでとても大切だと再認識した。原発の必要性の判断をするにあたっては、正確かつ十分な情報に触れることが不可欠なので、情報を出す側（行政や中国電力）と受ける側（市民）双方がさらに努力をする。

提案4　原発によって松江市にどの程度の経済効果があるのか、具体的に検証して市民目線で考える。

松江市における原発の経済効果について、この会議では明らかにならなかった。行政にとってのメリット（電源立地交付金、年間約23億円）だけでなく、松江市の経済全体に対する効果、自分たちの暮らしにどんな影響をもたらしているかを考える必要がある。

提案5　自分たちの生活の中で、エネルギーの使い方を見つめ直し、無駄をなくす。

エネルギーの供給方法がいずれであっても、省エネの観点が重要である。エネルギーの使い方は私たちの暮らし方そのものとつながっているため、今一度自分たちの生活のあり方を考え直してみる。

提案6　エネルギー源の一層の多様化や、地域循環型の電力システム（エネルギーの地産地消）に向けて研究し、その成果を市民へ知らせる。

人口減少の時代には、エネルギーをはじめ社会の仕組みを、いかに小さくして質を高めるかが重要になる。太陽光や風力、水力など原子力以外の発電方法のメリットやデメリットについても、今回の会議のような場を設けて話し合ってはどうか。また、地域循環型の電力システムや蓄電技術なども、市民が身近に考えられる環境を整えたい。

提案7　放射性廃棄物の最終処分場について、情報の出し手（国や電力会社）と受け手（市民）のコミュニケーションを図り、他人事にならないようにする。

原子力政策の最大の問題の一つは、放射性廃棄物の最終処分場が決まっていないことではないか。国の政策によるところが大きいが、現在、原発のある松江市民として、他人事にせず、国の動向をチェックする。

提案8　仮に原発事故が起きた場合の被害シミュレーションや、避難計画・経路の周知を今まで以上に徹底する。私たち市民も知る努力をする。

福島第一原子力発電所事故のようなことが起こらないようにするのは大前提であるが、起きた場合のことも想定しておく必要がある。被害シミュレーションや避難計画の策定、避難経路の確認など、行政、中国電力、市民それぞれができることをしていく。

提案9　この会議での私たちの意見と、議会・行政の考えとの共通点や相違点を知るため、市議会を傍聴したり国のエネルギー政策の動向をチェックしたりする。議会・行政は多様な市民の意見を真剣に聴く。

この会議で出されたものは、まさに市民の声だと言える。だが、これらが議会や行政に伝わっているとは思えない。結論（賛成か反対か）だけでなく、市民が様々な視点から考え悩んでいるプロセスも含めて反映されることが大切。市民も、議会や行政に対するチェックを増やさなければならない。また、原発は国の政策が大きい要素なので、その方向性をしっかりとチェックし、この会議の意見を国にも伝える。同時に議会や行政は、この会議のような議論の場を作り多様な市民の声を聴いていく。

九つの提案とその解説は表のとおりだ。

実は、この提案書をまとめるプロセスは困難を極めた。話す言葉には感情が明確に表れていたとしても、紙に書くとそれが見えず丸くなってしまうことが多い。だから、参加者に毎回書いてもらった「改善提案シート」のほかに、議事録や私自身の記憶から、書いた人の文字の背景に思いを巡らせて趣旨が変わらないように文字を付け加える。ただし、付け加えるけれども原文の「におい」を消さないことを心掛けた。いわゆる「有識者」ではない住民が生活目線で考えた言葉の「におい」には説得力があると感じたからだ。

「自分ごと化会議」が進むにつれて、会議参加者の皆さんの表情が明らかに変化していった。初回は皆さん硬く「とんでもないところに来てしまったかな」と思っていたかもしれない。それが次第に「自分でも原発のことを考えられるんだ、口に出していいんだ」という意識になってきたように思う。

実際、会議が開かれた四か月の間で、図書館に行って原発に関するたくさんの本を読むようになった人、福島の事故以降怖くて原発に関するニュースを見られなかったのが会議参加を機に見ることができるようになった人、疑問に思ったことを電力会社に電話して確認した人など、意識にとどまらず行動の変化も数多く見られた。

さらに、第四回終了後には「これで終わるのが寂しくて帰りたくない」「『自分ごと化会議ロス』になりそう」など、運営側としてこれほどうれしいことはないという言葉を次々と聞くことができた。

この会議が終わって原発についての結論が出たわけではない。しかし、結論を出すための視点や心構えが生まれ、何より原発を「自分ごと化」できている。このような状態になった人たちと対話を継続していけば、原発に限らずどのような課題においても、おのずと良い解決策が導き出されるのだと思う。そして、住民グループがこの壮大な試みをやり切ったことは最も大きな成果である。行政や政治に頼らずに「自分たち」でまちのことを考える場作りが可能になったのだ。「住民自治」の最先端と言えるだろう。

さらに大きな特徴は継続性だ。「自分ごと化会議in松江」は二〇二一年度、第二期を行っている。テーマは「自然エネルギーってどげかね？」（自然エネルギーってどうなんだろう？）。第二期の実行委員会の中心メンバーは、第一期で無作為に選ばれて会議に参加した人たちで、そのうち一人は共同代表にもなっている。最も変化の大きい事例だ。

周囲への波及も大きかった。多くの新聞やテレビで取り上げられたほか、同じく原発が所在している茨城県東海村の職員が会議を傍聴し、それをきっかけに東海村では行政が主催して原発をテーマにした「自分ごと化会議」を開催するに至った（二〇二一年度開催中）。

小さな一歩ではあるが、民主主義を変える確かな一歩とも言える。

10 実践⑥：「オンライン自分ごと化会議」
――市民対話は距離の壁を超えられる

長引く新型コロナウイルスの感染拡大は、あらゆる経済社会活動に大きな影響を与え続け、私たちの生活様式も大きく変わった。行政も例外ではなく、主催イベントは二年続けて中止になるものが多く、市民の意見を聴くような場も大きく減少している。

ただし、だからといって市民との対話がなくてよいわけではない。

構想日本では、対面でなくても対話はできることを証明するためのチャレンジを、二〇二〇年から繰り返し行い、現在では多くの地域で定着している。

(1)「自分ごと化会議」OBOGを対象とした「オンライン自分ごと化会議」（二〇二〇年四～七月開催）

過去に自分ごと化会議に参加経験のある住民、過去に会議を主催した団体の関係者（行政職員や住民グループ代表）、さらに専門家（政府の専門家会議のメンバーである岡部信彦さんや元我孫子市長の福嶋浩彦さんなど）も加わって、「新型コロナによって変化する社会との付き合い方」をテーマに議論した。参加メンバーを入れ替えて三回行った。

対面での「自分ごと化会議」は四～五回議論して一定のとりまとめを行うことにしており、初回はアイスブレイクの意味も込めて、自己紹介や問題意識の共有をしているが、「オンライン自分ごと化会議」は単発開催。参加者は過去の自分ごと化会議に参加経験があるとはいえ、それぞれが知り合いではないので、参加者全員のＬＩＮＥグループを作成し、事前に自己紹介や問題意識の表明をしてもらった。

　これは効果的だった。ＬＩＮＥグループ内では一方通行的に各自が書き込むのではなく、意見交換も行われたため、グループ内の一体感がある程度醸成された状態で会議を迎えることができた。また、事前に新型コロナに関しての問題意識を把握できていたため、会議ではそれらをコーディネーターである私が論点化して提示し、すぐに議論に入ることができた。

　会議では発言とは別にチャットの活用も試みた。すると、リアルな議論に関連した書き込みから、そのうちチャット上でも別途議論が行われ、リアルとは別な論点で活発にやり取りされる場面もあった。そのやり取りを会議で私から紹介した。発言と文字の双方向のコミュニケーションは、論点を広げたり深堀りしたりするには有効と言える。

　ＬＩＮＥグループは一年以上経《た》った今でも稼働している。「全国の顔も知らなかった方々と同じ時間を過ごすことができ、とても不思議で心地よい」「コロナに限らず日本中つながるってすごい」などのアンケート結果からも、参加者にとって「オンライン自分ごと化会議」の最大の成果の一つが「行政の枠を超えたネットワークの構築」であることがわかる。

(2) 群馬県太田市「オンライン自分ごと化会議」(二〇二〇年四月開催)

(1)と同時期に、太田市と構想日本が協力して、新型コロナウイルスの感染拡大による日常生活への影響など市民の率直な意見を聴き、個人や地域でできることを考えるための意見交換会で、対面ができなくても多様な市民の生の声を聴きたいという清水聖義市長の強い思いから実現した。

当日は、十分な距離を取ることのできる市役所の会議室に、市民三名+清水市長と市職員数名のほか、市民参加者一名は自宅から、私は東京にある構想日本のオフィスからコーディネーターを務めた。市役所、自宅、構想日本の三元中継となった。

当時はまだ全国的にもオンラインでの市民対話はほとんど行われていなかったため、試行実施として一回限りとし、会議の目標を、コロナ禍の下で①太田市ができる支援策のヒントを出すこと、②個人個人で考えなければいけないことを共有し、それを市民の立場で広げていくための方策が何となく見えること、の二つとした。

中身について三点だけ紹介したい。

一つは発想の転換についてだ。

「自分は子どもを産んだときにうつ状態になった。当時は家にいることが暗闇の中でもがいているような感覚だったが、ある時、子どもと向き合うことが価値のある時間だと気づいて方向転換できた。いま、ずっと家にいてストレスを抱え子どもや夫に当たってしまう人が多いと聞く。でも人生の中で、これほど家族と向き合える時間もない。そう考えると、喧嘩《けんか》するほど長い時間一緒にいることをありがたいと思えるかもしれない」。

二点目が情報の共有についてで、最も多く意見が出された。

「まずは市民が何を感じているかを吸い上げ、それを踏まえて市が情報をため込まずに発信していくことが重要」「市としては不用意に情報を出すと市民からの批判につながるのではないかと危惧するかもしれないが、さらけ出してみると意外に批判は少ないと思う。情報が少ないことによる不満のほうが強くなるのではないか」

市側も問題意識は同じだった。

三点目が、行政に一〇〇点満点を求める風潮を変えようという意見。

「市役所には問合せ、特にコロナ対策に関しての批判がかなり増えていると聞く。少しでも誤りが見つかるとすぐ責めてしまう雰囲気に違和感がある。行政にパーフェクトを求め過ぎているのではないか」「一〇〇点満点じゃなくても、スピード感をもってアイデアを出すことで前向きに取り組んでいくことがあってもいいはず。今回は、前例のないことだから一〇〇点なんて取れなくて当たり前。そのような寛容さを市民が持てるよう、口コミやSNSで自分たちから声を上げる必要がある」

こうした意見が出る背景に、行政はミスを犯さないという考え方があるのではないだろうか。特に、

ＳＮＳが普及する状況では、不寛容な方向に進んでいると思う。

このような発言が続いていた時、同席していた職員が一様に、感動の表情を浮かべていたのが印象的だった。

終了後の参加者のアンケート結果を見ると、「今日ひとつ確信を持てたのが、きっと太田市は乗り越えられるだろう！　ということ。誰もがつらい状況なのに、誰一人暗くならずに笑顔で終えられた今日を見て本当にそう思った。この輪が少しずつ広がればよいと思う」「こういうことを実施できるのが太田市の強みだと思う。今夜は久しぶりにぐっすり眠れそう」「自分でも考えが日々変わっていく中で、様々な立場からの意見が本当に思いがけないことばかりだった。決めつけは本当に危険」など、オンラインであっても対面と遜色ない満足度の高さが見えた。

(3)　北海道清水町「清水ミライ自分ごと化会議」（二〇一九年七月～二〇二〇年八月開催）

清水町は新たな総合計画を作るにあたって、構想日本協力のもと無作為に選ばれた住民との対話を中心に据えた。

二〇一九年九月から、会議を七回開催した。途中、コロナの影響により延期が続く。会議の間隔が開きすぎてしまうと、参加者は議論の内容を忘れてしまうし熱も冷めてしまう。そこで事務局である企画課は、密を避けた状態で対面方式も行いつつ、不安のある人にはオンラインの参加を可能とした。

コーディネーターである私が東京から外に出られない二〇二〇年六月には、対面とオンラインのハイブリッドによる会議も行った。今でこそ全国各地で行われているが、当時はまだ事例が少なく先駆けであった。

清水町の自分ごと化会議は二班体制で、同時進行で行うことにしていたが、この時は密の回避のため一班を二グループに分けて午前午後で開催、さらに一班と二班は同時進行ではなく別開催とした。二日間トータル一〇時間という大掛かりなものだった。

コロナ対策のためのオンラインだったが、高校を卒業して清水町から室蘭市に引っ越した大学生も参加してくれるなど、オンラインの特性が活かされることにもなった。

さらにその後は、対面とオンラインのハイブリッド方式に加えて、会議を公開すべくYouTubeでの配信も行った。

企画課は、コロナ禍において常にチャレンジし続けた。コロナ禍で、住民との対話を中止している自治体が大部分の時期だ。何かを行うにはリスクが伴うので、ある意味中止するほうが楽だ。しかし、それでは住民の満足度は向上しない。住民対話を行うことを前提として、リスクをぎりぎりまで低減することを試みた。

「前例がないからできない」ではなく「前例がないからやってみる」というスタンスが企画課長を中心に明確だった。このスタンスこそが今の行政に必要なことであり、清水町は全国のモデルだと実感している。

終了後の企画課担当者の感想は今でも印象に残っている。

「行政職員とはいったい何なのだろうと最近考える。今回の試みで、職員とは地域住民のリード役。仕事のようで仕事じゃない形。仕組みも作りつつ現場を知る努力が必要だと思った」

この職員は総合計画が完成した翌年、役場を退職し地域を支援する会社を自ら立ち上げた。

■市民対話はオンラインでも成立するか?

既に全国各地でオンライン会議は行われているが、市民対話は必ずしも多くはない。先の見えない状況だからこそ、オンラインを活用した市民対話は今後さらに広げ進化させなければならない。質を高めるための方策としては以下のようなことが考えられる。

① ざっくばらんな空気感をいかに作るか

市民の自由な発想に基づく活発な議論はざっくばらんな空気が創り出すことを、これまでのコーディネーター経験の中で強く感じている。オンラインだと発言者を明確に区分しなければ混乱が生じる。そうなると形式的な雰囲気になりやすく、発言が型にはまりやすい。また、対面であれば、参加者の表情から発言に対しての共感の大きさなどがわかるが、画面を通すととてもわかりにくい。

完全オンラインの時は、ＳＮＳを活用した事前のやり取りが重要になるだろう。ハイブリッド方式の場合は、コーディネーターがオンラインであれば会場にサブコーディネーターがいるほうが雰囲気作りはしやすくなるだろう。

②「傍聴者」と「視聴者」の位置づけの整理

議論の模様をYouTubeでライブ配信するケースを増やしているが、アンケートを取ると、議論がわかりにくいとの声を聞く。対面ならば、傍聴者が発言のすべてを理解できなくても、その場の空気感を感じてもらえる。ゆえに傍聴者の満足度は概して高い。他方、ネット視聴になると、空気感は伝わらないため議論内容を重視することになるが、発言のすべてが理解できないことに加えて、通信環境により聞こえにくかったり他の用事もしながら聞いて集中しにくかったりする。ネット視聴者にすべてを理解してもらうのは困難というある程度の割り切りが必要だと感じる。

繰り返しになるが、市民の納得感、満足感を高めるには、行政と市民の対話は不可欠だ。オンラインでの市民対話はまだまだ途上だが、事例が増えていけばさらに改善されるだろう。何よりも重要なのは、いかなる状況であっても市民対話を試みることだ。このスタイルが確立されれば、平時であっても対面とオンラインを使い分けることで、市民対話がこれまで以上に進化するだろう。引き続き、現場での事例を積み重ねていきたい。

コラム

対話の質を高める「コーディネーター」という仕事

私はこれまで、有識者会議や専門家会議、市民のみの会議など、様々な場でコーディネーターを務めてきた。コーディネーターとして必要な要素やスキルは、あらゆる意思決定プロセスにもあてはまるし、会議にとどまらず日常生活においても参考になるように思う。

私の経験に基づくコーディネーターとして必要な要素を紹介したい。

●「安心して話せる空間」を作る

行政が開く審議会などは、自由闊達《かったつ》というよりは固い空気の中で、型にはまった話が続くものが多い。審議会に限らず多くの議論空間において、「こんなことを言ったら場違いに思われるのではないか」「ちょっと違うと感じるけどこの場では賛同するほうがいいのかな」など、本音ではなく建前論に終始する場面があるのではないだろうか。そのような会議から本質的な議論が生まれることは限りなく少ない。

特に市民との対話の場では、コーディネーターは建前論に終わるような雰囲気を作ってはいけない。その時々に感じたことを自由に発言してもらう。多少論点からずれていても構わない。コーディネーターは、その人が発言を通して何を最も伝えたいのか、どのような問題意識を持っているのかを考える。発言が終わった後に要約しながら、その人の言いたかったことを整理していく。この空気感が作り出せると、どんどん本音が飛び交うようになる。飾らない言葉にこそ発言者の本当の気持ちが含まれている。コーディネーターは言葉の背景を読み取り、翻訳をする役割だと思う。

コーディネーターが役割を果たすためには、発言者の話をしっかり聴かなければならない。話を聴きながらその人に向き合い、言葉の背景を考え続ける。同時並行で、ホワイトボードに論点を書き出すことも多い。

これら一つひとつを積み重ねていくと、「何を言ってもコーディネーターがうまく拾ってくれる」という大きな安心感につながる。参加者が安心して本音の発言ができる環境づくりはコーディネーターの最も大きな役割であり、本質的で建設的な議論を可能にするための基礎となる。

会議後のアンケートで「話すのは苦手だけれど今日は思ったことを口に出すことができた」と市民参加者が書いてくれるケースがある。達成感がある瞬間だ。

ちなみに、私がコーディネーターを行う際は、社長であろうが政治家であろうが学生であろうが、すべて「同じ目線」で議論するようにしている。それを印象付けるための手段の一つとして、すべての人を「さん」付けで呼んでいる。大学の先生でも政治家であってもだ。

●場を仕切る

音楽プロデューサーの中野雄氏は『指揮者の役割―ヨーロッパ三大オーケストラ物語』（二〇一一年、新潮選書）で、指揮者に必要な資質として、①強烈な集団統率力、②継続的な学習能力、③巧みな経営能力、④天職と人生に対する執念、を挙げている。程度の差はあるがコーディネーターも近いところがある。

例えば持論を展開し長く話す人に対して、その人の意を斟酌《しんしゃく》しながら遮る場合もある。終わりの時間から逆算すると次の論点に入ったほうがよいが、今話していることとの連続性を持たせるほうがいいのでこの発言をつなげていこう、といった集団統率力が求められる場面は多い。

会場の空気をどう作るかはコーディネーターにかかっている。必要なのは議論参加者だけでなく、担当課の行政職員、傍聴者など会場全体の一体感を作ることだ。議論終了後、自然に拍手が湧き起こったときは、場が一体となった証拠だ。これは最高にうれしい。

事業仕分けの場合は、議論を行うのは「仕分け人」と呼ばれる外部の専門家だ。「仕分け人」の中には、テンションが高くなる人もいれば、逆に少し斜に構える人もいる。時には周りから「浮いた空間」となってしまうおそれもある。だからこそコーディネーターは、傍聴者など周囲の表情を見ながら「熱さ」と「冷静さ」を使い分ける必要がある。

時には場外からの不規則発言も出てくる。そのようなときはコーディネーターが毅然《きぜん》とした態度でさえいれば、場が壊れることはない。つまり、「この空間は絶対に自分が仕切る」という強い心も必要になる。

●認識を共有できるよう動く

会議の本来の目的の達成や、議論を通して課題を顕在化させるためにも、コーディネーターの役割は重要となる。

事業仕分けのコーディネーターとして重要な役割の一つが、個々の事業をわかりやすく「かみ砕く」ことだ。事業の全体像を知ることは意外に難しい。しかし、それができなければ、事業の課題も明確にならない。

全体像を議論参加者や周りで聞いている人と共有するためには、質疑応答に連続性、ストーリー性を持たせながら展開するのが理想的だ。参加者にイメージを持ってもらいやすいからだ。

議論する中で個々の仕分け人の特性がわかってくると、このタイミングで誰に発言してもらえば話が展開していくか、つまり最も本質に食い込めるかを考えて、挙手していない人を名指しで当てる場合もある。結果として同じ人に繰り返し発言してもらうこともよくある。こうして論点が明確になり、事業の全体像が共有されていくのを目の当たりにできるのは、コーディネーターの醍醐味とも言える。

議論が進むと、認識にズレが出てくることもしばしばある。その場合は途中で議論を振り返り、論点の整理を行って場の共有を図る。重要なのは、できる限りわかりやすい言葉で整理・解釈をすること。難しい言葉はわかったようでわからないことが多い。特に大人数の場での共有を図ろうとすると言葉の意味の捉え方が区々《まちまち》になりやすい。例えば「先ほどのAさんの話は○○という趣旨になるかと思いますのでそれを踏まえると」といった具合に整理する。コーディネーターの編集力が、会場全体が認識を共有できるかどうかを大きく左右することになる。

●安心して話せる空間を作る方法

次に、安心して話せる空間を作るための具体的な手法をいくつか紹介したい。

○名前で呼ぶ

どれだけ大人数のワークショップであっても、「大勢の中の一人とコーディネーター」の関係ではなく「その人とコーディネーター」の関係にならなければ安心感は生まれない。

そのために必須なのが、個人の名前で呼ぶこと。「右から二番目の方」とか「○○番の方」ではなく、「○○さん」個人と対話していることを明示するのがねらいだ。名前がわかるように、必ず卓上ネームプレートを置いてもらう。

○自己紹介の使い方

初めに必ず自己紹介をしてもらうが、その際の情報（所属や議論するテーマについての一言など）は非常に重要なので、必ず書きとめる。例えば、介護の話になれば、介護経験があると言っていた人に振るとその時の思いを話してくれるかもしれないし、情報発信についての議論になった時にIT系の企業で勤めていると言っていた人に聞くと良いアイディアが出てくるかもしれない。

こうした積み重ねで、知らない人たちが集まっている場が「知り合いの集まり」のような雰囲気に変わっていく。

○ホワイトボードの有効活用

会議やワークショップで重要な武器の一つがホワイトボードだ。議論内容を議事録的に書くのではなく論点を箇条書きにしていくと、議論の途中や最後の振り返りをする際に貴重な材料になる。その際、いかに発言者の本心を理解しながらわかりやすい表現にするかがポイントだ。

また、ホワイトボードを指しながら話をすることで、ほとんどの人はその方向を見る。それによって全員が同じことに集中できる環境になる。二時間程度のワークショップだと、集中が切れて隣の人とおしゃべりする人が出てくることがある。そのような時にこの手法を使うと、場の空気をいったん引き締めることができる。

●会議の進行役はコーディネーターになろう

組織に属していると何かしら会議に参加する。その会議が意味あるものになるかどうかは、進行役の力量にかかっている。進行役はコーディネーター的役割を担うべきだと考える。

具体的に見ていこう。
(1) 進行役は何のための会議かを考え、冒頭で「今日の会議の目標は○○」と伝える
この一言によって、会議参加者が考えなければ

いけないことが定まるし、ゴールが明確であれば途中で議論が脱線したとしても軌道修正しやすい。会議を行うこと自体が目的になると、会議参加者の認識の共有ができず、議論が緩慢になってしまう。

(2) 途中で論点整理を挟む（場の共有を図る）

議論が進むと本題を見失うことがよくある。このため進行役が途中で、議論を振り返りながら論点整理を行うことで、参加者の頭の整理ができ、残りの時間で議論が必要な内容がわかりやすくなる。

一方、進行役が司会だけを役割と考えていると、議論がずれても軌道修正せず、ただ進行するだけになってしまう。それでは会議の目標や必要な決定に行き着かない。

(3) 会議の目的を達成しつつ、時間内に終える（達成できていないのに時間で切ることはしない）

時間内に会議を終わらせることだけに主眼を置いて、いかなる状況でも予定時間が来ると終わらせるケースが時々ある。私はこれには反対だ。

会議の目的が達成できないのに時間切れで終了となれば、改めて意思決定の場が必要になる。進行役の役割はタイムマネージャーだけではなく議論の質を高めることでもある。

重要なのは、会議の目的を達成しつつ、終わってみると予定時間内だったという環境を作る手腕だと思う。

●コーディネーターの技術はプレゼンにも使える

コーディネーターは、「話を聴く」ことと同時に「伝える」ことにも長《た》けていなければならない。議論を整理するときや場の空気を変えるために発言することがあるからだ。その技術は、プレゼンにも応用できる。

講演やプレゼンの際にまず気を遣うのが第一声。普段より少し高めのトーンから入り、声量も大きめで始める。最初に強い印象を持ってもらうためだ。この一声の瞬間に、こちらを向く人がどれだけ多いかは、その後の話を主体的に聴くかどうかのバロメーターの一つとなる。意識してゆっくりと一音一音をはっきり話すように注意することも大事だ。

仮に制限時間内にすべてを話しきれないと途中で感

じたときには、内容を大きくカットするくらいのつもりがよいだろう。伝えたいことをすべて伝えるよりも、聞いている人にきちんと「伝わる」ことを優先したほうがよい。

声とともに、目線も重要になる。

プレゼン研修の講師として、五人程度のグループで受講生がプレゼンする際の目線を見ていると、①常に資料を見ながら（下を向いて）話す、②前を向いているが聞いている人ではない一点を固定して見ながら話す、③特定の人の目を見ながら話す、④聞いている人全員の目を見ながら話す、の四つに大別される。

プレゼンの目的は、自分の伝えたいことが聞く側に伝わることだ。伝わるためには、遠くや下を見て立て板に水のごとく一方的に話すよりも、相手の目を見て対話をするつもりで話すほうがいい。

重要なことは、どのようにすれば聞いている人に自分の考えが伝わるか、そのためにどれだけ相手に共感してもらえるかだ。話に共感してくれればおのずと話が頭に入ってくる。

ただし、誤っていけないのは、伝える「中身」が伴っていなければ、どれだけ「話法」を会得したとしても共感は起きないということだ。「何を伝えたくて、どうすれば伝わるのか」という基本的な部分を常に考えておくことが重要だ。

＊

以上は私の個人的な考えであり、コーディネートの手法は人によって様々だと思う。ただし、その目的が、会議参加者の満足度の向上と、会議の目的を達成させることであることは、いかなる場でも共通しているだろう。

コーディネーターという役割は、かなりのエネルギーを消費し、またうまく整理できなければアンケートなどで批判される。大変な役回りだが、目的を果たすことができたときの達成感はそれを大きく上回る。とても魅力的な役割だと私は思う。

11 行政と市民のいい関係をつくるには

■自治体職員はなぜ市民が怖いのか

コロナ禍以前、私は年に五〇か所程度の地方自治体を訪れて仕事をしていた。会話をする地方自治体職員の数は年に四〇〇人を超えていただろう。

多くの職員と付き合う中で感じるのが、「市民」の捉え方だ。「市民」の中には、理屈にならない批判をしてきたり、一方的に要望だけして聞く耳を持たなかったりする人もいて、市民を「恐怖の対象」として見てしまう職員も少なくない。

そこで、職員がなぜ市民に対して説明することに抵抗感があるのか聞き取りしてみた。以下はその抜粋だ。

① 色々なクレームを付けられそうだから、できればあまり説明したくない（自分の発言を切り取られ批判の材料に使われるのが怖い）。

② 市民にどれだけ説明しても、すべてを理解してもらうことは不可能だし、正しく理解してくれない。事実誤認のまま意見や批判が出てくる。

③ 住民説明会で話をしてもまとまらない（結論が出ない）。アリバイ作りにしかなっていないので

は。

④　市民の代弁者である議会に説明しているのだから住民にも説明することは二重になるのでは？

⑤　そもそも市民は税金を払うのが義務で、その税金を市民のために使っていくのは行政の役割。

市民の視点では、行政への不信感から、批判や要求が多くなり、行政の視点では、市民からの批判や要求に恐怖感を持ち過剰防衛になる。過剰防衛になると市民に情報が伝わりにくくなり、市民はさらに不信感を持って要求するという悪循環になっているのではないか。

行政と市民の関わり方について、私の考えを記してみたい。

■市民が理解できるような資料や言葉を選んでいるだろうか？

市民と行政では、情報量が圧倒的に違う。市民が行政が持つ情報をすべて得ることは不可能だ。そのため、市民は断片的な情報を自分なりにつなげ、時には知人から聞いた話もつなぎ合わせていく。そうなれば事実とは異なる解釈になることもしばしばある。その状態で職員と市民がやり取りすると、職員の側は「勘違いしながら言っていて議論にならない」と思うかもしれない。一方で市民の側からすると、「職員が聞く耳を持たない。親身になってくれない」となることも往々にしてある。これでは双方に感情的な対立が生まれてしまう（実際このような構図になるケースは多い）。

その原因は、「ホームページや広報紙などでしっかりと情報は出している」という行政側の意識と、

「知らなかった」という市民の意識のギャップにあるのではないか。これを埋めるには、市民の側も情報を探す努力が必要だが、それ以上に、行政が求められた情報を公開するだけでなく、いかに市民に伝わるように情報を「共有」できるかが鍵になる（「情報共有」については次項で詳述）。

また、行政用語を羅列した資料を見せたり、説明会などで専門用語を並べて職員が説明して理解してくれといっても不可能だ。いかに情報を整理して市民に見せることができるか、そしてわかりやすい言葉で伝えることができるかが重要になる。これは簡単なことのように見えて案外難しい。

例えば、ある市の市役所の窓口業務などの民間委託事業について、説明資料にはこう書かれている。

「定例的・反復的等、委託可能な業務を全庁的に集約し包括的に委託することにより、各課の庶務的な業務量を低減させ、職員が本来すべき企画・コア業務等に集中できる環境を整える」

「定例的・反復的業務」とは具体的にどのようなものを指すのだろう？　「職員が本来すべき企画・コア業務」って具体的にどのようなものなのだろう？　「コア業務」の「コア」って何だろう？

漢字の羅列や横文字は「わかったふり」をすることはできるが、実は人によって解釈が異なることが多い。これらの言葉の定義や意味を改めて考えることが、職員が自分の業務の本質をしっかり理解することにつながる。

ちなみに、この一文の中に、「的」が五回、「等」が二回登場する。この二つが多用されるのは役所の文書の特徴だし、市民が理解しにくい大きな要因と感じる。

■すべての市民が賛成することはないが、納得感を持ってもらうことはできる

一〇人いたら一〇人それぞれ違う考え方を持っている。したがって、行政が行っていることに全市民が賛成することはあり得ないだろう。しかし、ある程度の市民が、賛成まではいかなくても「納得」してくれることは可能だと思う。

前述のように、行政と市民との間には情報量に大きな差がある。その差が行政と市民の感情的な対立を生むことも多い。「色々なクレームを付けられそうだから、できればあまり説明したくない」と限られた情報しか市民に示さないから批判が来るのだ。市民に「正しく理解」して納得してもらうためには、行政の情報を「さらけ出す」ことこそが必須だ。

1から3で、無作為に「くじ引き」で選ばれた市民との議論の場について言及した。その大部分に参加した私の実感は、（個人情報などは別として）取捨選択することなく行政が行っていることをさらけ出せば、市民は納得してくれるということだ。それは「さらけ出す」行為が市民と向き合うことにつながるからではないだろうか。「向き合う」ためには、市民に要求された情報を行政が公開するだけではなく、行政が自らわかりやすく市民に提示していく必要がある。これが「情報共有」だ。受け身ではなく能動的に全体の情報を出していくことで、市民は行政の「気概」を感じられるのではないか。

その「気概」が市民の側に見えてくると、行政への信頼にもつながっていく。例えば行政が現在進行中の事業の説明をした際に、「もう少し改善してほしい気もするけど、今やっていることの全体像がわ

かったし職員の思いも伝わってきたので、ひとまずがんばってほしい」などの言葉が市民から出てくれば、双方の関係は「良好」と言えるだろう。この言葉には、「すべてについて賛同しているわけではない→行政がどのような思いでしているかなど全体のことがよくわかった→完全に賛成はできないけれど納得はできる」という気持ちが表れている。

もちろん、すべての市民がこうした思考経路になるわけではない。感情的な対立が平行線のままになることもあるだろう。そのようなときには、毅然とした態度が必要となる。どれだけ全体の情報を説明しても市民の側が向き合おうとせず、事実誤認のまま批判するようなことがあるのならば、糺《ただ》さなければいけない。職員は、市民のために業務を行っていることは言うまでもないが、決して理屈と関係なく市民の言いなりになることとは違う。市民も職員も、市民と行政の関係をはき違えないようにしなければいけない。

■市民と行政の関係は一つではない

聞き取りで出てきた「そもそも市民は税金を払うのが義務で、その税金を市民のために使っていくのは行政の役割」という考えは、明らかに間違っている。この発言は、行政が提供しているサービスを受益する「受益者市民」という側面のみを見ているが、市民と行政の関係はこれがすべてではない。

このほかに「主権者市民」「事業者市民」の二つの性格を有している。

そもそも地方自治体は「自治」を行うために存在している。そして一人ひとりの市民の意思とその合意によって「自治」は作られるものだ。したがって、自治を考える上で主権者としての市民は極めて重要になる。主権者としての市民は行政と対等ではなく、市民が行政よりも上に位置する。主権者市民が持っている権限の大きな一つは選挙だ。選挙によって首長、議員を選ぶ。また、議会や首長を辞めさせることができる（解職請求権）。さらに、市民が条例を提案することもできる。

「事業者市民」は、ＮＰＯや企業、町内会、ボランティア団体などで、事業主体になる。この場合、行政とは対等（パートナーシップ）である（「市民協働」という言葉もよく使われる）。行政が「事業者市民」と対等にパートナーシップを組むことで、受益者である市民にサービスなどを提供することになる。

受益者市民のみをもって「市民」ととらえてしまう傾向にあるが、「主権者市民」視点こそが行政を進めるうえで最も重要だということを肝に銘じる必要がある。

■偏った目で市民を見るのではなくニュートラルに捉える

構想日本が重視している「くじ引き」（無作為抽出）の手法で会議に参加する市民は、性別、世代、所属などがとても多様だ。この手法で会議をする際に、職員が参加者のリストを示しながら「Ａさんはちょっと面倒くさい人なんです」「Ｂさんは地域の名士で大変影響力を持っている人です」などと言うことがある。

これらの情報は、コーディネーターを務める私にとっては正直言ってほとんど意味がない。Aさんは、以前違う場では「面倒くさい」人だったかもしれないが、今回の会議において「面倒くさい」人である保証はどこにもない（そもそも行政にとって「面倒くさい」ことと社会全体にとって「面倒くさい」ことが同義ではないことも多い）。Bさんが名士だからといって配慮しなければならないことは一つもない。

私の主観になるが、諸外国に比べて日本は「何を言うか」より「誰が言うか」の文化が強いと感じる。肩書きのない「一般の」人や若い人が言うことよりも、肩書きのある人の話が正しいというレッテルがあるのではないか。しかしそれでは、話している内容を理解しようとしていないことになり、結果的に物事の本質を探り出す行為をやめているように思う。

市民と行政の関係を考えるうえで共通した理念は、「すべての市民を『同じ目線』で見ることができるかどうか」だ。政治家も社長も、学生も公務員もフリーターも、話し合う空間においてはみんな一緒。それぞれの経験に基づきながら話している内容に関心を向ける。それが実現できれば、行政職員の市民への感情は必ず良いほうに変わってくるだろうし、これこそが行政と市民がより健全な関係になる重要なポイントだと思う。

⑫「公益性」を考える

■「公益」とは何か

行政や政治の世界ではたびたび「公益」という言葉が使われる。これは「公《おおやけ》の利益」という意味だ。ただし、その意味については、行政・政治に関わる人の中でも共有できていないと感じる。「知ったつもり」になっている人も多いのではないか。

「公益」には定義があり、「社会一般の利益」「公共の利益」と言われる。「公＝社会一般、公共」ということになるが、これだけでは抽象的でわかりにくい。言い換えると「不特定多数の者の利益」。では、「不特定多数」とはどのような状態か？　それは、「誰にでも開かれている状態」である。簡単に言えば、公とは「みんな」である。この点が「公益」の重要な要素となる（なお、公益性は、「あるかないか」ではなく、「高い／低い」というように中間がある）。

私が地方自治体や議会で講演をする際、必ず公益性について冒頭に話すのだが、これらを説明したうえで、以下の例題を出している。

「三〇〇人の難病患者の支援」と「一〇〇万人が所属する〇〇大学の同窓会の支援」のどちらが、公益性が高いか？

答えは前者だが、講演や研修の際に挙手を求めると、一～二割くらいの人は後者に手を挙げる。その理由の大半が、「三〇〇人よりも一〇〇万人のほうがみんなに近い」というものだ。

たしかに、数は後者のほうが圧倒的に多い。今後、一〇年経つと、その大学の同窓会は二〇〇万、三〇〇万人になるかもしれない。しかし、絶対に「みんな」にはならない。どれだけ増えようとも、当然ながらその大学に入学しなければ同窓会に入ることはできないので、支援の対象者にはならない。つまり、大学の同窓会は、不特定ではなく「特定多数」となる。

比べて前者は、確かに数は限られているかもしれないし、例えば同じ場所にいる五〇人の中に難病を持っている人は、もしかしたら一人もいないかもしれない。しかし、その五〇人の中で、「これから死ぬまでの間、一〇〇％難病には罹《かか》らない」と確約できる人も一人もいない。誰しもが罹る可能性を持っているのだ。公益性を考えるときには、顕在化した数ではなく、なる可能性があるかどうかが重要となる。これが「誰にでも開かれている状態」だ。

以上は「公益」の「公」の話である。では、「益」とは何か?

辞書では「利益、もうけ」とある。どのようなときに「利益」を得たと感じるのかを考えてみると、「お金をもらったとき」「得をしたとき」などが一般的ではないか。行政的な言葉にすれば「モノ・カネ・サービス」ということになろう。

しかし、「モノ・カネ・サービス」だけが利益なのだろうか。「得をしたと感じるとき」とはどのようなときかを掘り下げて考えてみると、例えばボランティアをして相手に感謝されたときに、お金やモノをもらったわけではないけれど得をしたと感じる人がいるのではないだろうか。つまり、「益」とは何かを得ることだけでなく、誰かのためになることも含まれる。満足度が高まることこそが利益と言えるだろう。ちなみに、辞書には「益」の意味がもう一つ、「役に立つこと、ためになること」とある。

■「公」と「官」のはざま

行政の事業は、税金を使って行う。だからこそ行政の事業は、公益性は低いより高いほうがよい。この点がすべてではないが、事業実施の重要な判断基準となってくる。

例えば、六五歳以上の高齢者に対して、健康教室や生涯学習に関する事業など様々なことに税金を投入している。六五歳以上の高齢者は全人口の約三割なので、全国民ではない。しかし、誰もが六五歳を迎える可能性を持っている。だからこそ高齢者に対して行政が事業を行うことは公益性が高いと言えるのだ。

では、反対に、公益性の高い事業（みんなのためになること）は、すべて行政がやることなのだろうか？

図をご覧いただきたい。公共分野の考え方を概念図で示したものだ。

図の上段は、事業内容「公（みんなのこと）」と担い手「官（行政）」が同じ大きさになっている。つまり、「みんなのことはすべて行政が行う」という考え方になっている。

しかし、地域の活動に関わったことのある人の多くは、図の下段のように感じるのではないだろうか。例えば、公共交通や子ども会のお世話など、みんなのことであっても行政だけでなく、個人、地域、NPO、民間企業など「民」が担っていることもあるだろうと。さらに、官か民かのどちらかではなく、官と民が一緒に行うことも増えている（「市民協働」などと呼ばれる）。

多くの自治体で仕事をしている実感として、部分的にはこうした考え方になっている場合があるが、全体としては、行政も市民も図の上段のような考え方になっていると私には見える。

まず行政。行政は多くの計画を作っている。何のために作るかといえば当然市民生活のためだ。しかし、計画を作るプロセスに多くの市民が加わることを好意的に捉えない人もいる。行政の中で作るのならある程度落としどころがわかりまとめやすいが、市民が入ることによって行政の考えと大きく変わってしまうおそれがあるからだろう。この考え方では、「市民のための計画作り（＝みんなのこと）は行政だけで行うほうがよい」に行き着

公共分野の考え方

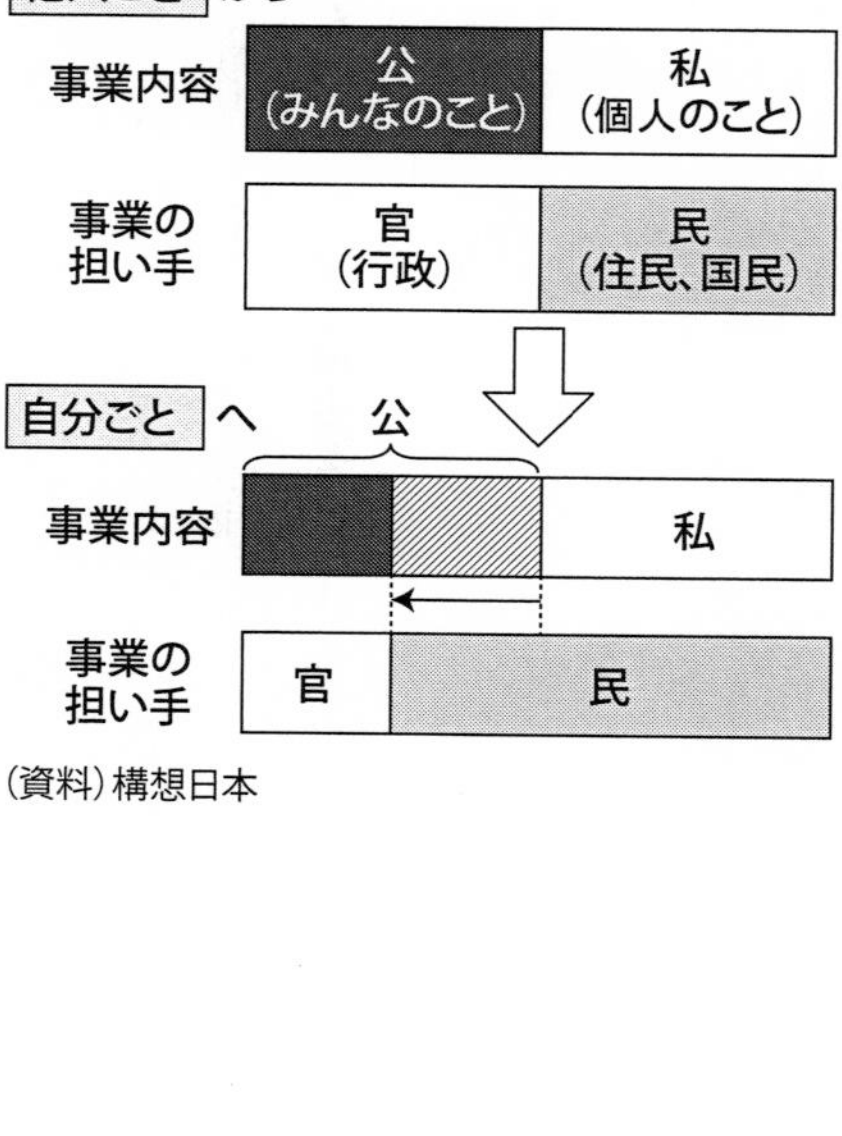

（資料）構想日本

いてしまう。

次に市民。ある市の事例だが、市民から市役所に「防犯灯(安心安全を目的に住宅街などに設置する街灯)の球が切れているので交換してほしい」との電話が入った。この市では、防犯灯の球の交換などの維持管理は自治会が行っていたので(行政が管理している自治体も多い)、市の担当者はその旨を伝えたうえで、電話の相手がその自治会の地域に住んでいることがわかったこともあり、自治会長に連絡してほしいと告げたが、先方は「それは職員が行うことだ」と反論。何度か問答をしてその時の電話は終わった。

翌日。夜七時過ぎに同じ人物から市役所に電話があった。なぜ七時過ぎだったかというと、季節が夏で、防犯灯の自動点灯が七時だったため、その人は防犯灯がつくかどうか確認するために待っていたのだろう。「交換されてないじゃないか」という電話相手に対し担当者(残業で残っていた)は、昨日言ったことを繰り返す。ただし担当者は何もしていなかったわけではなく、午前中に自治会長に電話をしたが不在でつながらなかった。そのことも伝えたのだが、電話の相手は次第に感情的になり、「だから公務員は仕事が遅いと言われるんだ」とクレーマーのような言い方になってしまった。

市の担当者は、防犯灯の維持管理という「みんなのこと」を自治会に依頼しているという意識でいるが、電話をしてきた市民は、それは行政が行うことだと考えていたのだろう。

このように、行政の側も市民の側も「公(みんなのこと)=官(行政)」という意識がまだまだあるのではないだろうか。

それを象徴する言葉が「公民連携」だ。この用語は多くの自治体で使われている。行政と民間が連携して取り組んでいこうという意味で使われるが、それならば「官民連携」と言わなければいけないはずだ。言葉の揚げ足取りではなく、「公＝官」という考え方が蔓延《まんえん》していることの証明ではないだろうか。

■「みんなのこと」は「自分たちのこと」

図に示されている言葉を英語にしてみるとさらにわかりやすくなる。

「公（おおやけ）」は public。公の対義語はその右の「私」＝private。「官」は government。右下に位置する「民」は、ここでは大衆、公衆の意味になるが、それらは「public（general public）」と訳される。

つまり、「公」と「民」は同じ意味なのだ。「みんなのことは行政だけが担うものではない」と述べてきたが、そもそも「みんなのことは自分たちのことそのもの」なのである。自分たちのことの中に、できないことがあるので、行政という存在を民が作って、自分たちの代わりにさせているのだ。11で述べた「主権者市民」の側面と言える。

か。

■パブリックの「自分ごと化」とは

「みんなのことは自分たちのことそのもの」であるのに、他人ごとになっているのではないだろうか。

パブリックの「他人ごと化」は、生活の様々な面に出ているように思う。

例えばスーパーで牛乳を買うときに、時々陳列棚の奥のほうから取っていく人がいる。賞味期限が少しだけ先だからだ。しかし、自分の家の冷蔵庫に二つの牛乳があったとすれば、ほとんどの人は賞味期限の近いほうから飲むだろう。無駄にしたくないからだ。でも、スーパーでは賞味期限の先のほうから取っていく。もし、スーパーで多くの人が奥のほうから取ってしまうと、前列に置いてある牛乳はいずれ廃棄されてしまう（実際にされている）。

スーパーというパブリックな空間にある牛乳は自分のものではないから、無駄になるかどうかよりは少し新鮮かもしれない牛乳を取る。レジでお金を払うとまさに自分のものに変わるので無駄にしようとは思わない。

こうしたスーパーの牛乳の行く末のような身近なことを自分ごとにしていく先に、自分の地域、住んでいるまち、社会全体の「自分ごと化」が進むのではないかと思う。

■行政にも必要な発想の転換

現在、多くの自治体が、図の上段ではなく下段の考え方にしようと進めている。人口減に伴って税収が減少し、職員数も減らしている自治体が大部分だからだ。そうなるとこれまでと同じような事業の執行ができなくなるため、いかにして行政が行ってきたことを地域やＮＰＯなどにお願いをしていけるか、という論理になる。しかし、これは考え方の出発点が反対ではないか。

そもそも、いま行政が行っていることは公益性が高いのか（みんなのためになることか）を考え、そうであったとしても、本当に行政にしかできないことなのかを考えていく必要がある。まず、自分でできることは自分で行い、できないことは地域や集団で行う、それでもできないことを、税金を使って行政が行う。これが「自助－共助－公助」の考え方だ。

しかし、多くの自治体では、まず公助が先にあり、公助でできなくなってきたことを共助や自助にお願いをする、という発想になっている。だから出発点が逆なのである。

この発想で進めると、行政はこれまで行ってきたやり方のままでＮＰＯや地域にお願いしようとする。そのほうが管理をしやすいからだ。しかしその結果、ＮＰＯなどが行政の下請けになってしまうケースが多くある。そうなると、目指していた市民活動が制約され、市民の利益につながらない結果となってしまう。

「行政が住民を巻き込む」から「行政が住民にどう巻き込まれるか」への発想の転換が迫られている。

これこそが市民が政治や行政、社会を「自分ごと化」することにつながっていく。

13 「JUDGIT!」——発見がある！ 楽しめる！ 国の事業の検索サイト

「自分たちの税金が何に使われているのかよくわからない」

この言葉は、国でも自治体でも、たびたび耳にする。たしかに、一〇〇兆円を超える国の予算の具体的な使い途《みち》は、研究者であっても相当な努力をしなければわからない。ましてや国民に知ってもらおうとすれば、情報を出すだけで事足りるわけではない。

長い間、行政の仕事に携わってきた経験から、国の予算や事業に、国民に具体的に関心を持ってもらうには、「おもしろさ」、「エンターテイメント性」が必要だと感じてきた。

■検索をエンターテイメントに

二〇一九年七月、構想日本は、政府が公開している情報をもとにして、「予算」や「事業」をデータベース化し、キーワード検索で誰でも使えるようにするサイト「JUDGIT《ジャジット》!」を開発し、リリースした。その特徴は大きく分けて三つある。

(1) 国の予算や事業の検索性を高め、「探しやすい」と「楽しい」を実現

政府は現在、「行政事業レビュー」[注]を毎年行っている。このレビューで公開している「行政事業レビューシート」には、各府省庁が行う事業ごとに「目的」「事業の内容」「予算額」「事業予算の支払い先」「成果目標と実績」など約三〇項目が記載されている（作成するのは各府省庁）。

二〇一五年度から二一年度までの七年間の行政事業レビューシートの情報をデータベース化した「ＪＵＤＧＩＴ！」では、色々な角度から予算や事業を見ることができる。キーワード検索はもちろん、府省庁、事業年度、実施方法（補助か委託か）などによる絞り込み検索もできる。

毎年度作成される行政事業レビューシートは約五四〇〇枚。六年分あるので約三万枚を超えるレビューシートを個別に調べようとすると、途方もない作業になる。これを、毎年度継続している事業のレビューシートを集約し、「ＪＵＤＧＩＴ！」で検索することで、自分が知りたい情報を絞り込むことができる。

また「データビジュアライズ」（データを、図形にしたり色をつけたりアニメーション化することで、一目でわかるようにすること）を行っている。これによって、視覚的な楽しさを感じてもらいながら、より検索性を高めることを目指している。

（注）「各府省自らがすべての事業を対象に、執行実態を明らかにした上でチェックの過程を公開しつつ外部

の視点を活用しながら点検を行い、結果を予算に反映させる取組み」（内閣官房ホームページより）

(2) 国の事業を受注している企業もすぐわかる

「行政事業レビューシート」に記載されている情報の中に、「支出先上位一〇者リスト」という項目がある。この項目によって、それぞれの事業費が、具体的にどの事業者・団体にどのような名目で支出されているかがわかるようになっている。「JUDGIT!」では、事業者・団体を検索することができる。これにより、例えばA株式会社はどのような事業を受注しているのかがすぐにわかる。「この会社はこのような事業を担っていたのか」という発見のほか、これまで国との関わりがなかった事業者にとっては、同業者が受注している事業がわかるので、新たなビジネスチャンスになる可能性もある。

政府にとっても好材料になるかもしれない。国の契約については、「随意契約」（発注業務の専門性が高く競争性が働かないなどの理由で入札を行うことなく特定事業者と契約する手法）や「一者応札」（入札をするが手を挙げる事業者が一者だけ）があることが以前から問題視されてきた。一概に随意契約や一者応札自体が悪いとは私は思わないが、発注者である府省庁側もそうした契約をできるだけ減らす努力をしていることは、政府の審議会で議論する中で感じている。このサイトによって、手を挙げる事業者が増える可能性は十分にあると思う（政府が公開している行政事業レビューシートの情報は「上位一〇者」なので、すべての支出先の情報ではないことには留意が必要）。

(3) 「トピックス」欄で、世の中の旬な話題を国の事業につなげる

世の中で起きている様々な出来事と国の事業は、かけ離れているわけではなく、密接につながっていることも多い。「JUDGIT！」ではその時々の旬な話を「トピックス」として掲載し、関連するキーワードを自動的に検索することができる。

例えば、二〇二一年八月現在、トピックス欄には「新型コロナウイルス感染防止のために、在宅勤務を行う企業が増えている。その環境整備のためにどのような補助があるのだろう?」とある。感染拡大を止めるには人流を抑える必要があり、その手段の一つして、「テレワーク」が推奨されている。クリックすると「テレワーク」がキーワードとなっている事業三八件がヒットする。

このサイトの中で、最も誰でも気軽に使える機能と言えるだろう。

■サイトができるまで

「JUDGIT！」は政府の行政事業レビューシートがなければ作ることができなかった。この行政事業レビューシートの根源には、構想日本が開発した「事業仕分け」の存在がある。

二〇〇二年から地方自治体を対象に行ってきた「事業仕分け」では、統一様式の「事業シート」(政府のレビューシートと同様、事業の目的や事業内容、成果目標などを記載)を自治体の担当課に作成してもらい、それをもとにして議論を行ってきた。

そして二〇〇八年、自民党の政務調査会のもとに設置された「無駄撲滅プロジェクトチーム」（PT）の主査だった河野太郎衆議院議員から依頼があり、構想日本が協力して初めて国の事業仕分けを実施した。その際に、「事業シート」を国ベースに改良し議論に活用した。

その後、民主党政権が〝政府として〟初めて事業仕分けを実施した際にも事業シートは使われ、その翌年から始まった「行政事業レビュー」では⑴で述べた「行政事業レビューシート」が使われている（ちなみに私は、無駄撲滅PTの事業仕分けの主担当で、民主党政権の事業仕分けや行政事業レビューがスタートした際に、内閣府行政刷新会議事務局参事官としてとりまとめ業務を行うなど、このプロセスのすべてに直接的に関わってきた）。

政府が行うすべての事業の目的や事業内容、成果目標などの情報を統一様式で作成・公開しているのは、おそらく世界で日本だけだろう。この画期的な取組みがあるからこそ「JUDGIT!」が誕生したのだ。

■使えばいろいろ見えてくる

「JUDGIT!」で何がわかるのか。文字で記載するよりも、サイトを一度ご覧いただくほうが何十倍もわかりやすいと思うので、ここでは簡単に三つ紹介したい（是非とも一度アクセスしていただきたい。https://JUDGIT.netlify.com/）。

(1) 「まちづくり」で検索―重複事業が簡単にチェックできる

トップページの「行政事業検索」からキーワードで「まちづくり」と検索し、「二〇二〇年度」「補助事業」で絞り込んでいくと三五件がヒットする。

国土交通省は、都市局では「景観」、水管理・国土保全局ではハード面など、様々な切り口で多くの事業メニューがあることが見えてくる。国土交通省以外にも、文化庁は「歴史活き活き！ 史跡等総合活用整備事業」として文化・歴史の観点から、スポーツ庁は「スポーツによる地域活性化推進事業」としてスポーツの観点からのまちづくりの補助事業があることがわかる。

しかし、補助を受ける側の中心である市町村は、各省庁が示す補助事業の「趣旨」ではなく、「自分たちが行う事業に合致する補助要件のものはあるか」という観点で探すことが多い。実際に、ある自治体では、文化庁の補助金が取れなかったため、同じ内容で国土交通省の補助事業に手を挙げたケースもある。いわゆる縦割りで重複の事業がある背景には、旬なテーマを趣旨にした事業であれば予算を取りやすい面があるからだ。「まちづくり」を目的とした補助事業がこれだけ細分化し、ある意味流行《はや》りのようになっている現状も見えてくる。

(2) 「年金」で検索―意外な事業が引っかかる

年金の話はいつの時代も話題に上りやすい。「老後は二〇〇〇万円必要」というニュースが話題になったこともあるし、さらに以前は「消えた年金」の話もあった。

そこで、「行政事業検索」からキーワードで「年金」「文書」と検索してみると、厚生労働省の「年金関係文書等保管事業」がヒットする。この事業をよく見てみると、「年金」に関する文書を公文書管理法の文書規定にある保存年限以上に保管しており、保管場所が足りないため民間施設を借りていることがわかる。この文書の保管のためだけに、約一二億円の予算（二〇二〇年度）がついている。

これは、「消えた年金」に端を発し、「今後は問題が発生した際に記録を確認できるよう、長期間にわたって年金文書を保管しておこう」ということで始まった事業なのではないか。年間一二億円の税金をかけて紙文書を保管することは適切と言えるだろうか。問題の本質は再発防止のための適切な管理と、年金の適切な交付だろうと感じる。

(3)　「宇宙」で検索──「補正予算」で大盤振る舞い？

一口に「国の予算」といっても、基本的な年間予算として決められる「当初予算」、当初予算が不足しそうな場合に追加して決められる「補正予算」「前年度からの繰越し」「翌年度への繰越し」「予備費等」と様々な項目があり、それらの足し引きによって最終的な金額となる。

「行政事業検索」で「宇宙」を検索すると、文部科学省の「国際宇宙ステーション開発に必要な経費」がヒットする。ページの中段に現れる予算額・執行額の表の二〇一七年度には、当初予算約二八七億円、補正予算四五億円、前年度からの繰越し一七億円となっているが、結局五六億円が翌年度に繰り越されている。それならば補正予算を組む必要はあったのだろうか。補正予算は国会審議などのチェックが少ない。また、先に総額を決めてから中身を決めることもよくある。当初予算を抑えていても補正予算では大盤振る舞いのようなこともあるので、このような事業は要注意と見てよいだろう。

(4) 国の感染症対策を知る

国が感染症対策としてどんな事業にどれくらいの予算をつけているのかを具体的に知ることも、目の前の現象に翻弄《ほんろう》されず、今後の施策のあり方を考えるうえで必要ではないか。

新型コロナ感染症患者の入院を受け入れる「感染症指定医療機関」を検索すると、「感染症指定医療機関運営費」という関連事業が出てくる。

事業目的は、「…都道府県及び医療機関の開設者に対し感染症指定医療機関の運営費を補助することにより、感染症患者に良質かつ適切な医療の提供を行う」とある。

具体的には、感染症指定医療機関の運営に必要な光熱水料、燃料費、備品購入費などに対する補助で、特定感染症指定医療機関はかかった経費の全額、第一種及び第二種感染症指定医療機関は二分の一の補助率になっており、二〇二〇年度予算で八・七億円となっている。

病床数が足りていない状況や、供給側のマンパワーの（疲弊も含めた）不足を考えると、医療体制を強化する観点から、まずは補正予算で運営費の補助金を上げ、現在の指定医療機関の体制を強化しつつ、中長期的には指定医療機関数を増やすことも検討する必要があるだろう（なお、この補助金のほかに「保健衛生施設等施設・設備整備費補助金」として指定医療機関の設備整備のための補助がある）。

ほかにも「感染症発生動向等調査費」という事業がある。まさに現在行われている、感染症の発生状況を全国規模で調査したり、感染症の流行に関する情報を全国規模のオンラインシステムで収集・分析・還元している事業だ。

この事業の一部には、「新型ウイルス系統調査・保存を実施することにより、新型インフルエンザの大流行などに備え、ワクチンを緊急に製造するための体制整備」（レビューシートより）が含まれている。事業費は三・五億円（二〇二〇年度）。

具体的に何にお金が使われているかを、ＪＵＤＧＩＴ！からたどって「支出の流れ」を見ると、各都道府県に対して、集団免疫の状況把握や病原体の検索の調査などに五一〇〇万円支出したり、感染症に関する情報収集システム（感染症サーベイランスシステムなど）の運用保守に七三〇〇万円支出していることなどがわかる。

行政職員や医療関係者など、コロナ対策にあたる多くの人たちが疲弊しきっている状況において、例えば各医療機関の感染者のカルテ情報をＡＩを活用して自動集約することで情報把握を効率化し、業務量を落としつつもサービス水準を高めるための方策などを今後考えていく必要があるのではないか。

■四者共同だからできたサイト。「自分ごと化」の起爆剤に

このサイトは構想日本が単独で作ったわけではない。

世の中の様々な問題をじっくりと取材し調べたうえで記事化しているジャーナリズムＮＧＯ「ワセダクロニクル」、データベース化し検索機能の付加などを一手に引き受けてくれた日本大学文理学部情報科学科の尾上洋介准教授、「データビジュアライゼーション」の専門家、矢崎裕一さん、そして構想日本の四者が共同で作成した。それぞれの長所が存分に発揮できたと思う。

現在は「ＪＵＤＧＩＴ！」のユーザーの大部分が政治・行政関係者や研究者に限定されていると思われる。このサイトの最終的な目標は、より多くの国民に国の予算や事業のことを知ってもらうことなので、今後は、例えば子育てサークルや老人クラブなどで「ＪＵＤＧＩＴ！」に関するワークショップを開くなど、さらに広げられるような工夫を考えたい。

「ＪＵＤＧＩＴ！」は、誰もが国が行っている事業について知りたいことを知り、何かを発見するためのサイトだ。国民共有の財産とも言える。これにより、誰もが政治・行政を「自分ごと」にするという私たちの目標に、大きく近づくと考えている。

また、将来的に、国が行っているすべての事業にコード番号が振られるようになれば、例えば事業者が補助金を申請する際に、コード番号を活用してすべてオンラインで完結できるように「ＪＵＤＧＩＴ！」を改良するなど、国が目指す「ＤＸ」（デジタル・トランスフォーメーション）に寄与することも可能だろう。

14「ふるさと住民票」の提案
——自治体と住民の新しい関係

■「関係人口」という考え方

関係人口という言葉を見かけることが増えてきた。二〇一九年度に、政府が地方創生を進めるために策定した「第二期総合戦略」の四つの基本目標にも掲げられるほど、重視され始めている。

関係人口とは、「移住した『定住人口』でもなく、観光に来た『交流人口』でもない、地域と多様に関わる人々」のことを指す（総務省資料）。「定住する」まではいかなくても、「通う」「愛着を持つ」「興味を持つ」など、地域への関わり方は様々である点に注目が集まっている。

構想日本では、「関係人口」を可視化するための試みを先んじて行ってきた。二〇一五年から「ふるさと住民票」という仕組みを提案し推進しており、現在、一〇か所の自治体（北海道ニセコ町、福島県飯舘村、茨城県行方市、兵庫県丹波市、鳥取県日野町、香川県三豊市、香川県三木町、徳島県勝浦町、徳島県佐那河内村、鹿児島県志布志市、和歌山県かつらぎ町）で実際に運用している。

私たちが「ふるさと住民票」を提案した背景には、自治体が直面する課題を克服するための二つのチャレンジがある。

■二つのチャレンジ

(1) 地方創生をゼロサムからプラスサムの発想へ

一つ目は、急速に進む人口減少へのいわば量的なチャレンジだ。

人口減少に転じる中、全国の各自治体は生き残りをかけた戦いを強いられている。どの自治体も、ヒト（居住者、移住者など）やカネ（税金など）を引き付けようと、地方創生の具体化を競っている。若者の定住・移住の促進策、企業や大学などの誘致策などがその典型だろう。「ふるさと納税」も、税というお金の誘引策の一つだ。

しかし、日本全体の人口は減少しているため、どこかの自治体の人口が増えればどこかの自治体の人口は減少する。つまり、ある自治体の成功（プラス）は他の自治体の失敗（マイナス）となるという「ゼロサム的」な関係である。こうした有限なヒトやカネを自治体間で「奪い合う」ような発想では限界がある。

したがって目指すのは、人口やお金（税金）の「奪い合い」の限界を超える「プラスサム」な発想に変えるというチャレンジだ。

(2) 住民と自治体の関係の多様化に応える複線的な制度へ

もう一つは、住民と自治体との関係性への、いわば質的なチャレンジだ。

住民と自治体との関わりは多様化している。住む場所を時々変える必要がある人、災害のために元の居住地を長期間離れなければならない人、介護のために複数の地を行き来する人など様々いる。（相続などで）親の居住地やかつての住民登録地で行政手続きを行う人も少なくない。つまり、住民登録をしている自治体とは異なる自治体との間で、行政を含めて様々な形で地域に関わるケースが増えているのである。

しかし、現行の制度では、住民は一つの自治体に住民登録し、納税し、そこから行政サービスを受けるしかない。つまり、住民と自治体は「単線的」な関係だ。多様化する市民と自治体の関わりに対応できていないことが顕在化してきている。

こうした従来の関わり方とは異なる「複線的」で「柔らか」な自治体制度に変えていくというのが、もう一つのチャレンジである。

■「ふるさと住民票」の提案

「ふるさと住民票」は、これら二つのチャレンジに立ち向かう手法として、希望者に「もう一つの住民票」を発行するというものだ。自治体が、住民登録をしていない人にも必要なサービスやまちづくりへの参加の機会を提供し、「関係性」という見えないつながりを可視化するための仕組みである。

「ふるさと住民票」の具体的な内容は、各自治体が自らの事情に合わせて自主的に決めるが、「ふるさと住民」になる人は、自治体の出身者、ふるさと納税を行った人、自然災害などで他市区町村へ避難移住している人、複数の地域で居住している人や別荘を持つ人、住民登録をしていない一時的な居住者（学生を含む）などが考えられる。

具体的な取組み事例として、登録者を対象にした専用サイトやＳＮＳの利用、自治体広報などの発送、公共施設の住民料金での利用、相続や親などの介護関係書類の受付、「ふるさと住民票」による本人確認、祭りや伝統行事の紹介・参加案内などがある。パブリックコメントへの参加や条例に基づく住民投票への参加（参考投票）を検討している自治体もある。知恵の出し方次第で現行制度内でもできることは多い。

そのまちに住んでいなくても愛着を感じている人に地域づくりに参画してもらうことは、より新鮮で客観的なアイディアが得られることが期待できる。それは、人が複数の自治体に多面的・多重的に関わることでその人の知識やスキルが複数のまちに活用されるというプラスサムの発想、言い換えれば自治体を「広げる」発想だ。リソース（人口やお金）が限られる中で、地方を再生させる新たな可能性をもたらす仕組みだと考える。

■発想のきっかけ

「ふるさと住民票」発想の端緒となったのは、福島県飯舘村の経験だ。二〇一一年の東日本大震災の際、他の自治体へ長期避難を余儀なくされた村民のために、菅野典雄村長が片山善博総務大臣（当時）

に、将来の帰還のことも考え、村民が安心して避難できるよう、飯舘村と住民の避難先自治体の「二重住民票」の検討を提案した。それ自体は認められなかったが、それならば大きな制度改正なしでもできることを考えようということで始まったのが「ふるさと住民票」だ。こうして、菅野村長など八自治体の首長を含む一二名が共同呼びかけ人となり、二〇一五年八月に本構想を提案した。

■着実に広がる実施自治体の取組み

その第一号となったのが鳥取県日野町で、二〇一六年二月に運用を開始した。

自治体が「ふるさと住民票」に参加するにあたっては、①「ふるさと住民票」の趣旨や目的を理解し、地域の活性化や新しい形のコミュニティの形成を目指すこと、②全国レベルでのムーブメントとするために、共通デザインの「ふ

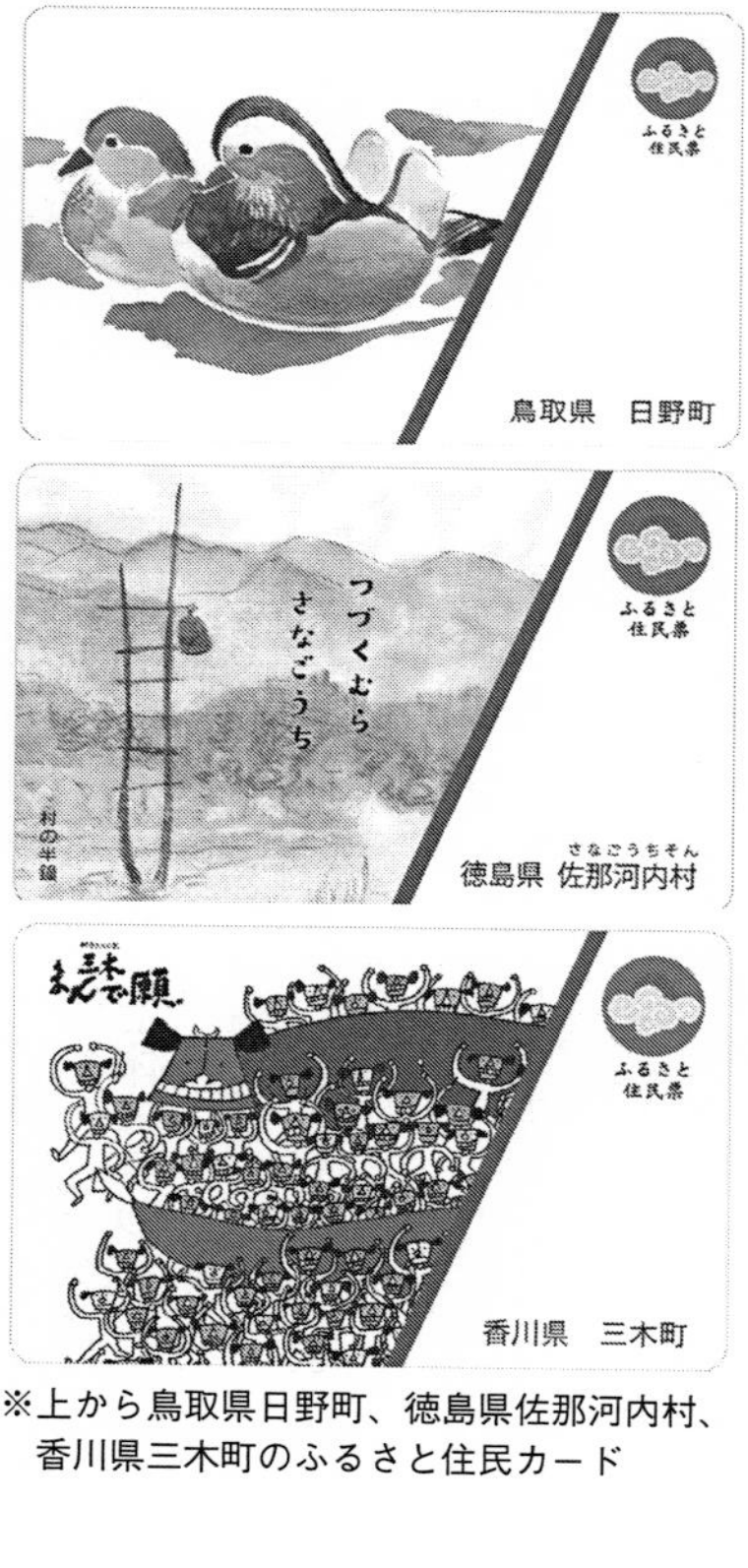

※上から鳥取県日野町、徳島県佐那河内村、香川県三木町のふるさと住民カード

るさと住民カード」を作成することの二つを条件としている。

②は、カードの右半分を共通デザイン（赤ラインと共通ロゴ）、左半分は各自治体独自のデザインとしている。自治体独自のデザインには「地域を象徴する風景、伝統行事、動植物」などが描かれている（**写真参照**）。

既に実施しているいくつかの自治体の、主な特徴と狙いを簡単に紹介したい。

(1)　鳥取県日野町（人口約三〇〇〇人）

日野町では、盆や正月には多くの人が帰省し賑《にぎ》わいを見せる。特に夏祭り（ねう祭り）には人口の三倍程度の人が集まる。町の出身者には、町内に田畑や家が残っている、老親がいる、墓がある、といった人が多い。

このような帰省する町出身者に町づくりに参画してもらうためにふるさと住民票の運用を開始した。定期的な会報の送付や町の政策に対しての意見聴取のほか、介護、相続などに伴う公的事務書類の送付先変更の受付けに取り組んでいる（二〇二一年五月時点の登録者数は五七一人）。

(2)　徳島県佐那河内村《さなごうちそん》（人口約二〇〇〇人）

村内の不動産を所有する人が流出してしまっているため、相続が生じても登記が行われず、所有者の把握ができなくなり村内の不動産が利用できないという課題があった（住民票のない市町村には死亡情報が入ってこない）。

そこで、村内に固定資産を所有している人との具体的なつながりを作るための手段として、固定資産を有する人にふるさと住民票の案内を送付し、継続的な関係性を構築している（死亡時に親族等に登記を促すことも可能になる）。

また、村は空き家を含む遊休不動産の利用や、移住促進と継業等の事業を行う地域運営法人を設立するなど、ふるさと住民票をきっかけとして、全国に住む村とつながりのある人を可視化する取組みを行っている（二〇二一年五月時点の登録者数は二四〇人）。

(3) 香川県三木町（人口約二万七〇〇〇人）

三木町内にある香川大学の農学部、医学部、附属病院に人口の一割以上の人たちが働いているが、三木町には住民登録をしていない。その人たちの三木町への愛着心をさらに高めることを目的として開始した。登録者には、定期的に会報が送付され、三木町の特産品が当たるキャンペーンや、町外でのふるさと住民交流会の開催などを行っている（二〇二一年五月時点の登録者数は八一九人。登録者数最多）。

このように、様々な形で自治体に縁があったり愛着があったりする人たちを可視化しようとしている。そのうえで、「ふるさと住民」がどのようにして町の活動に参画していくのかについては、それぞれの自治体が模索中だ。

■国も注目

こうした取り組みに国も注目している。

総務省は、「これからの移住・交流施策のあり方に関する検討会」を二〇一六年一一月に発足させ、人々の「ふるさと」への思いを地域づくりに活かすために必要な仕組みについて検討を行った。この検討会構成員として、「ふるさと住民票」の共同呼びかけ人の小田切徳美・明治大学教授（検討会座長）や、景山亨弘・鳥取県日野町長、山下祐介・首都大学東京准教授が参加した（肩書きは当時）。「ふるさと住民票」が主要議題として何度も取り上げられた。

同検討会の報告書を受けて、総務省は「関係人口創出・拡大事業」（モデル事業）を事業化している。

■独自の判断と工夫で現場から始めよう

「ふるさと住民票」はまだまだ広がりに欠けていることが課題だ。この制度の存在と意義についてできるだけ多くの自治体や住民に知ってもらうことが必要と考えている。

「ふるさと住民票」の理念に共感する人は非常に多く、問合せも継続して多くあるが、具体的に実行しようとする際には、既存の取組みの後追いになりがちである。事例を増やす中で打開策を探っていきたい。

自治体が自治の理念を実践するためには、現行制度の下でまずは自治体独自の判断と工夫で可能なことから始めることが望ましい。将来的には、複数の自治体での住民登録や選挙権・被選挙権のあり方、課税権、そもそも「住民（制度）とは何か」といった根源的な問いにも取り組む必要が出てくるかもしれない。「ふるさと住民票」は、自治体が知恵を出して住民と自治体との新たな関係を作っていく試みとして、国や都道府県が枠をはめたり、画一化するような誘引策を取らず、各自治体の個性を伸ばすことが大切である。

15「くじ引き民主主義」、世界の試み

■くじ引き民主主義とは

人口減の局面に入っている今の日本は、これまでの人口を前提とした経済の拡大や行政サービスでは持続可能にならない。14でも述べたとおり全体の人口が減少するので、どこかの自治体が増えればどこかの自治体は減少する。奪い合いになってしまうのだ。

これからの日本を考えるうえでのキーワードは、「いかに小さくして質を高めていくか」だろう。まちの規模や予算が小さくなったとしても、一つひとつの行政サービスの質を高めることで住民の満足感・納得感を高めていく。そして、経済成長一辺倒から質重視へと転換するにあたっては、私たち一人ひとりが社会で起きていることを政治や行政に任せっぱなしにするのではなく、「自分ごと」として捉えていくことが納得感・満足感を高める重要な要素ではないだろうか。

その具体的な取組みが、「自分ごと化会議」(事業仕分けと住民協議会の総称)だ。最大の特徴である無作為抽出(「くじ引き」)の手法の活用によって、行政や政治がこれまでアプローチできていなかった人たちの考えを広く聴くことを可能にするとともに、参加住民が新たな行動を起こすきっかけになっていることは、ここまでに書いてきたとおりだ。

こうした無作為抽出の手法は国内でも世界でも研究の対象になっている。国内では、大学教授らで構成されている「日本ミニ・パブリックス研究フォーラム」が事例研究を行っている。そして、ミニ・パブリックス研究フォーラムも加盟している国際的な組織「Democracy R&D」は世界各国の研究者や研究組織をネットワーク化し情報の共有を行っている（二〇二〇年に構想日本も加盟した）。

このような動きがある中で、近年、「くじ引き民主主義」という言葉が使われることが増えてきた。無作為に選ばれた多様な市民が対話によって意思決定につなげていく仕組みを表現している。その背景には、日本のみならず世界各国で、国民（住民）に選ばれた代表者が議員となり、議会で話し合って政治を行う議会制民主主義の機能不全が危惧されており、新しい民主主義の方策を考える動きが出始めている面がある。「議会制民主主義」と「くじ引き民主主義」は本来別のものだが、前者が機能しないならどう進化させていくか、という中で後者の考え方が注目され始めている。構想日本が目指す「政治・行政の自分ごと化」やそのために行っている活動は、「くじ引き民主主義」の具現化に向けた実証実験とも言えるだろう。

■世界の動き

近年、各国で様々な試みが見られる。特に、二〇一八年にフランスで行われた「気候変動市民会議」は、大規模に行われた。以下、紹介していきたい。

(1) フランスの「気候変動市民会議」

フランス政府が二〇一八年に、気候変動対策として燃料税の増税を打ち出すと、国民が反発し、「黄色いベスト運動」(政府への抗議活動)が各地で行われたことを受け、政府は増税を撤回するに至った。そこで、マクロン大統領が主導し、無作為抽出の手法を活用して行ったのが「気候変動市民会議」(以下、市民会議)だ。国レベルでこの手法が使われていることは日本との最も大きな違いと言える。

市民会議では、二〇三〇年までに温室効果ガス排出を一九九〇年比で少なくとも四〇%削減を達成するための具体的な政策提言をすることをミッションとしている。

この会議が特徴的なのは、提言を実現するために必要な財源も会議の中で示すことになっている点だ。さらに、まとまった提言は、大統領と政府に提出し、政府は〝フィルターをかけることなく〟そのまま国民投票、議会採決もしくは行政命令としなければならない。一定の拘束力を持っていることになる。なお、市民会議は二泊三日のスケジュールを七回行ったうえで提言を出している。

市民会議は、電話番号リストから無作為に二五万五〇〇〇件を選んで参加意向を確認した。そのうち参加意向を表明した人は約三〇%(七万六五〇〇人)。「自分ごと化会議」の応募率は四~五%なので、桁違いに大きい。ただし、他国で行われている類似の取組みの応募率は、五~一〇%程度が平均と言われている。一般社団法人「環境政策対話研究所」の分析によると、この会議は、マクロン大統領の強いリーダーシップによって行われたことが応募率の高さに表れているとされている。

さらに、三〇%の応募者の中から、国民の人口構成を反映させ、学歴区分にも注意しながらさらに無作為抽出された一五〇名の市民が議論に参加した（五二%が女性、一六〜二四歳が一一%、二五〜三四歳が一四%、三五〜四九歳が二四%、五〇〜六四歳が二八%、六五歳以上が一八%）。送付時に無作為抽出した後には参加する市民の層化を行わない「自分ごと化会議」とは異なる点だ。

この違いは、会議に参加する市民の位置付けにあると考えられる。市民会議は、出された提言が一定の拘束力を持つため、「民意の代表性」の要素が強いと思われるが、「自分ごと化会議」は、民意の代表を目的とはしていない。民意を示すことよりも、参加者同士で合意形成するプロセスを重視しているからだ。公募や充て職など、他の手法と組み合わせながら、民意を政治や行政に反映していくことに重点を置いている。そのため、「自分ごと化会議」は、シナリオを作らず日常の生活実感から自由に議論することに注力している。

どちらが正しいということではなく、何をねらいにして会議を行うかによって変わるものだと考えている。ただ、市民会議終了後のフランスのメディアの論調に、「一五〇名の市民が、専門家たちが問題の複雑性に何年もかけて挑む中、数回の週末作業で解決することが可能なのか」という疑問が出るように、民意の代表性を重視して無作為抽出の手法を活用することには難しさがあると感じている（「自分ごと化会議」は民意を代表した結論ではなく多様な意見を提案書としてとりまとめている）。

市民会議は四・八億円もの予算が使われている。ちなみに「自分ごと化会議」は、桁が二つほど少ないのでかなりの違いだ。

市民会議の予算の三割は参加する市民のために使われている。具体的には参加市民への補償が一日約一万円と、一時間当たり一二〇〇円の休職補償がある。「自分ごと化会議」は自治体によって様々だが、無償のところが多く、払っているところでも最大で三〇〇〇円程度だ（ちなみに、日当の有無や額と応募率に相関関係はない）。

そのほか、全体予算の二六％は会議の進行費用にかかっている。会議を円滑に進めるファシリテーションを行う専門の会社に委託し運営をしているからだ。約一・三億円ものコストをかけるくらいファシリテーターは重要な存在となっている。「自分ごと化会議」でも、コスト面は大きく異なるが、機能や役割の重要性についてはまったく同じだ。なお、フランスの市民会議では、一五〇名を三〇名×五グループに分け、各グループをさらに細分化しており、それぞれにファシリテーターが入るようになっている。

このように、フランスでは国が政策の方向性を決める重要なタイミングで、無作為抽出の手法を活用している。

(2) ベルギーの「G1000」

ベルギーでは二〇一一年から二〇一二年にかけて、「G1000」と呼ばれる市民討議の場を設けた。概説すると、「G1000」は大きく三つのフェーズで構成されている。まず、討論のテーマを決めるための広範なオンライン調査を実施。六〇〇〇人以上の市民から出された意見をカテゴリーに分け、上位二五のテーマを公開。さらにそこからインターネットで投票を行い、「移民」「社会保障」「富の再分配」の三つのテーマを決定した。

第二段階では、無作為に選ばれた市民や属性ごとに選ばれた市民を集めての「市民サミット」で、これら三つのテーマについて討論した（一日での開催）。

そして、第三段階は無作為に選ばれた三二人による「市民パネル」。毎週末、三回にわたって三二人が集まり、第二段階での討論も踏まえて三二人が決めたテーマ「労働問題、失業問題への対処方法」について議論し、最後は提言書をまとめた。

⑶　ＯＥＣＤレポート「革新的な市民参加と新しい民主主義制度について」

繰り返しになるが、「くじ引き民主主義」の可能性を追求する動きが活発になることの背景には既存の民主主義が危機に瀕《ひん》している状況がある。

ＯＥＣＤ（経済協力開発機構）が二〇二〇年、「革新的な市民参加と新しい民主主義制度について」と題したレポートを公表したこともその表れと言える。

ＯＥＣＤは、二〇一七年に出した「オープンガバメントに関する理事会勧告」の中で、公的な意思決定において無作為に選ばれた市民が参加するような熟議プロセスは、政府への市民参加を促進する最も革新的な方法の一つであると提起し、各国の代表的な熟議プロセスがどのように機能しているか、様々なモデルを収集して分析を行った。それをまとめたのがこのレポートだ。
レポートでは、審議プロセスのモデルを以下の四つに分けている（以下はレポートを筆者が要約したもの）。

① 政策的な質問に対する市民の情報に基づいた提言
市民の熟議による具体的な提言を行うために、多くの時間（平均して最低四日、多くの場合はそれ以上）を必要とする。トレードオフを伴う複雑な政策問題などに特に有効。

② 政策問題に関する市民意見
政策問題に関する市民意見を意思決定者に提供することを重視する。①より短い時間の中で意見をまとめることが多い。時間の制約があるため、①より抽象的な結果になりやすい。

③ 賛否を明確にするための市民の評価
市民の代表的なグループが、政策の賛否両論を特定し、市民が判断するための情報を公表する。

④ 常設の代表的な審議機関
議会とは異なる代表的な市民の審議機関を置くことで、継続的に公的な意思決定に関与することを可能にする。

我々が行っている「自分ごと化会議」は、代表性や会議としてのアウトプット（提言書）に拘束力はないが、最低四回、市民の熟議を重ねた上で首長や議長に提言するので、①と②に近いと言える。

以上は世界の最近の流れだが、直接民主制の発祥とされる古代アテネの時代（紀元前五世紀）にも、公職の抽選制が取られていたと言われている。行政の最高機関である「五百人評議員会」の議員や、司法の最高機関である裁判所の法定陪審員などはくじで決めていた（公務員のプロフェッショナル化を防止し、貧者にも公職に就く権利と義務を与えることが理由とされている）。

「くじ引き民主主義」は古くて新しい概念と言える。

■「自分ごと化」の道をゆく

「無作為抽出は誰に届くか、誰が参加するかわからないため、政治や行政の素人ばかりの議論になるおそれがある」との指摘は常にある。しかし、公務員や政治家など、現在の「政治・行政のプロ」の存在だけで、国や地域の課題が解決され私たちの満足度・幸福度が高くなっていないからこそ、「民主主義の危機」などと叫ばれ続けているのではないだろうか。

構想日本は、これまで「自分ごと化会議」を全国の自治体で一五〇回程度行い、無作為抽出＝「くじ引き」によって参加した市民は一万人を数える。世界で最も「くじ引き民主主義」の実践をしている組織だと自負している。

しかし、それでも約一億人の中の一万人でしかない。「自分ごと化によって『小さくして質を高める』」ことを実現するにはまだまだ道のりは遠い。今後は、実践に加えて研究も深めていき、世界に

「自分ごと化会議」の意義や仕組みを発信していきたい。

あとがき

私は、二〇二〇年一〇月から、主たる業務を構想日本から内閣府に移している。内閣府政策参与という立場で、二〇二一年九月までは行政改革・規制改革担当大臣である河野太郎さんのサポート役を務めた（いわゆるフルタイム非常勤で、毎日内閣府に出勤）。

「くじ引き民主主義」と河野太郎さんは、浅からぬ縁がある。河野さんとは、二〇〇八年に自民党が事業仕分けを行った際にご一緒して以降、個人的にも深くお付き合いをしてきた。

構想日本の活動にも数多く協力してもらっている。地方自治体の事業仕分けでの「仕分け人」や住民協議会など、参加回数は一〇回を超える。河野さんに来てもらったのは、知名度があるからではない。「仕分け人」として事業の課題を探る力、市民対話の場においてわかりやすく問題提起する力がずば抜けていたからだ。

大臣としての記者会見でも、テレビ出演においても、そして市民対話の場においても、河野さんの言葉は明快でわかりやすい。11で触れているように、難しいことを難しいまま話すのはある意味で簡単だが、それを咀嚼《そしゃく》してわかりやすく表現することが今、求められている。

河野さんにそれができる理由として感じるのは、常に視点が国民（住民）にあるということだ。現場で起きていることを重視する。人は、無意識のうちに序列をつけてしまいがち（立場のある人はなおさら）だと私は思うが、河野さんにはない。正しいものは正しい、間違っていることは間違っていると言う。ツイッターのフォロワー数が二四〇万人以上いることは、その証しだろう。

このような視点は、無作為に選ばれた多様な市民の声を政策に反映するにあたって、非常に重要であることはこれまで書いてきたとおりだ。

＊

本書で書いてきた「くじ引き民主主義」「自分ごと化会議」は現場からのボトムアップで行政を変革しようという動きだ。国がボタンを押すと社会全体がダイナミックに変わるようなことは、まずない。

私は、一〇年前にも霞が関で官僚と一緒に仕事をしてきた。その時も今も変わらずに思うのは、官僚の優秀さだ。単に頭が良いということではなく、正義感も強く人間的にも素晴らしい人が多くいる。しかし、落とし穴もある。

官僚は理屈（ロジック）を作るプロだ。政治家や業界団体などの主張を調整しながら、法律や政策にまとめていく。時には数百にも及ぶ「想定問答」を作成しながら理論武装をする。この能力が官僚たる所以とも言える。

しかし、仮に本来進むべきベクトルと違う方向に政策や法律が向いたときであっても、そこに向かうための完璧な理屈を作ろうとする。様々な視点で指摘を受けても、理論武装によって打ち消すことができてしまう。そうしたとき、ベクトルが本来進むべき方向とは反対を向いているのだから、当然良い政策（法律）にはならない。その結果、例えばそれらを運用する地方自治体の立場からすると、有効性の疑わしいものも出てくる（実際にこれまでも多くあった）。

このようなことが起きる最大の要因は、現場から離れていることだと考える。どれだけ官僚が現場のことを知ろうとしても、日常的に市民と接してはいない。そうなると、概念論になり、リアリティが欠如する。多くの市民と接することで、理屈だけではない市民の思いなども肌で感じることができる。つまり、そのような現場感を持つ自治体（特に基礎自治体）こそが、市民の幸福感、満足感に影響を及ぼすことができるのだと思う。

歴史を紐《ひも》解いても同様のことが示されている。

中学校の「公民」の授業で習う、「地方自治は民主主義の学校である」というジェームズ・ブライス（一九世紀のイギリスの歴史学者）の言葉は、ブライスがアメリカの民主政治を見聞し肌で感じたことで、アメリカの地方自治制度が、課題解決に向けた常識や判断力を育てていることを知ったことから生まれた言葉だ。

「自治」とは、自分たちのことを自分たちで処理・解決すること。そして、自治体は「自治」を行うために存在している。もし、国の政策を実現するために存在するのなら、自治体ではなく、国の出先機関のほうがよほど効率的だろう。自治体は、一人ひとりの市民から出発し市民の合意によって社会を築くための組織だ。

＊

河野さんは二〇二一年一月から一〇月まで、ワクチン接種担当の大臣でもあった。その間は、私の業務の中心も、ワクチン接種の関連だった。

非常時には物事の本質が顕在化しやすくなる。

一億人単位でワクチンを接種することは日本では初めてのケース。この一大プロジェクトを遂行するにあたって、国と地方の役割分担に関しての課題が見えてきた。特に、通知をはじめとした国（厚労省）のコントロールと、国のお墨付きが欲しい地方の依存の関係が浮き彫りになった。国（厚労省）は通知によって、箸の上げ下ろしまで細かく規定する。長年、この関係が染み付いているのであろう。本来、通知は「技術的助言」であって拘束力はないのだが、「河野大臣が会見で話したことをすべて通知で示してもらいたい」と通知の発出を希望する自治体もある。すると、一日に複数の通知が連日発出される状況になり、「通知が多過ぎて理解し切れない」という自治体の声が届くことにもなる。

コロナ禍のような非常時は、初動でもっと国がイニシアティブをとる必要があったのかもしれない。ただし、人口数百万人の政令市から数百人の村まで全国の市町村はそれぞれ環境や背景が異なるのだから、具体的な運用においては、絶対に守らなければならないことのみを国が示したうえで、それ以外は自治体の裁量に委ねるほうが得策だと感じる。

いかに現場の状況を素早く把握できるかも重要だ。私がもともと付き合いのあった首長や自治体職員三五〇名程度とＳＮＳでネットワークを結び、ワクチンに関しての意見交換を日々行ってきた。その場での意見はまさに生の声だ。国が理屈で考えていることよりも説得力を持つ。例えば、国としては、全国に行き渡るだけの量のワクチンを供給しており、市町村に「在庫」としてたまっていると考えていたが、市町村からすると、既に予約が入っている分、つまり使い途の決まっているワクチンであり、在庫ではないことがわかった。現場にこそ本質が存在していることを体感している。

本書は、『時の法令』の連載「構想日本の〝日本まるごと自分ごと化〟計画」に加筆修正したものだ。政治や行政は一部の人が考えることではなく、自分たちのことそのものなのだから、多くの人がまちのこと、社会のことを少しでも考える必要があるが、場さえあれば、自ずとそのようになることを私は知っている。場作りを行うきっかけに本書がなればありがたい。

高校生の娘に伝えるつもりで、若い世代にも伝わるような構成、表現にすることを心がけた。まだまだ不十分かもしれないが、娘は一定程度理解してくれた。また、12の公益性に関する論考については、高校二年生の大学受験用模擬試験の問題文として引用したいとの依頼もあり、率直にうれしかった。

出版にあたって、雅粒社の編集者や発行元の朝陽会の方々には、私の業務の都合で何度も出版延期となりながらも粘り強く支えてくださった。心から感謝したい。また、表紙のイラストは夏川雄介、デザインは半田淳也、全体構成は伊藤陽《あきら》の三人がボランティアで協力してくれた。三人とも私の高校の同級生。卒業して三五年たち、このような形で協力してもらえたことは、とても幸せだ。

貴族院議員だった上山満之進の「多数無名の常民こそが歴史をつくる」という言葉に、非常に共感する。無作為に選ばれた市民による対話は、あらゆる課題を解決に向かわせている。本書によって、「多数無名の常民」のパワーを世の中に広め、全国至るところで、そして国においても「自分ごと化会議」が行えるよう、引き続きまい進したい。

二〇二一年一一月

伊藤　伸

著者紹介
○伊藤　伸（いとう　しん）

政策シンクタンク構想日本 総括ディレクター（理事）／内閣府政策参与。法政大学大学院非常勤講師。

1978年北海道生まれ。衆議院議員秘書、参議院議員秘書を経て、2005年より構想日本スタッフ。

2009年10月、内閣府行政刷新会議事務局参事官（史上最年少の参事官）。行政改革全般のとりまとめのほか、政府が実施した事業仕分けのコーディネーターも務める。2013年２月、内閣府を退職し構想日本に帰任（総括ディレクター）。

現場起点での改革、市民から出発した社会づくりを目指して、年間50か所以上の自治体と仕事を行ってきた。

2020年10月から内閣府政策参与（非常勤）として、河野太郎行政改革・規制改革担当大臣のサポート役に就任。2021年10月からは引き続き政策参与として後任の牧島かれん大臣を補佐している。

グリームブックス（Gleam Books）
著者から受け取った機知や希望の“gleam《ひらめき》”を、読者が深い思考につなげ“gleam”を発見する。そんな循環がこのシリーズから生まれるよう願って名付けました。

あなたも当たるかもしれない、「くじ引き民主主義」の時代へ
「自分ごと化会議」のすすめ

2021年12月10日　発行
2022年４月15日　２刷

価格は表紙カバーに表示してあります。

著　者　伊藤　伸

発　行　㈱ 朝 陽 会　〒340-0003　埼玉県草加市稲荷2-2-7
電話（出版）　048（951）2879
http : www.choyokai.co.jp/

編集協力　㈲ 雅 粒 社　〒181-0002　東京都三鷹市牟礼1-6-5-105
電話　0422（24）9694

ISBN978-4-903059-66-2
C0031　¥1000E

落丁・乱丁はお取り替えいたします。

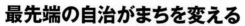

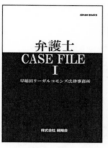

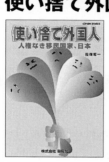

Gleam Books シリーズのご案内　定価1,100円（税込）

国際法を物語る

阿部浩己 著（明治学院大学国際学部教授）

私にとって国際法は、「学ぶ」対象である以上に、多様な世界を
この身で「感じる」ための道具立てのようなもの（Ⅰまえがきより）

Ⅰ　国際法なくば立たず

平和・戦争、経済、人権、環境、開発。国境を越えて生まれる紛争、貧富の差。混迷を深める世界はどこに向かうのか

法と政治が生々しく交錯する世界を、国際法で読み解く！

Ⅱ　国家の万華鏡

イスラム国の出現、国境につくられる高く延々とした壁。沖縄の行く末、慰安婦問題、核兵器禁止条約など

激しく動揺する世界で、大きく変容する国家のあり方を考える。

Ⅲ　人権の時代へ

「国家の利益」から「人間の利益」へと、国際法のあり方は大きく変容している。その先導役になってきた国際人権法は、どんな軌跡をたどり、どう進もうとしているのか

人間の尊厳を守る国際人権法の最新の姿を描き出す。

Ⅳ　難民の保護と平和の構築

国境を越える難民の保護はどうあるべきか。
武力の行使はどこまで許されるのか。

権威主義が台頭する今、「人間の尊厳」と「平和」を
根源的価値にすえる国際法の声に耳を傾ける。